ちくま文庫

おじさん酒場 増補新版

山田真由美 文
なかむらるみ 絵

筑摩書房

池袋・ふくろより

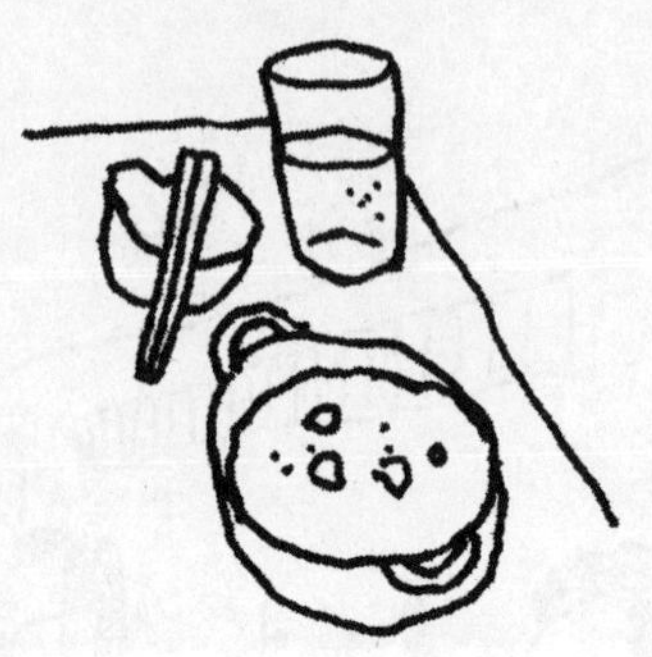

おじさん酒場とは

そこに居るだけで
店のおさまりがよくなるおじさんが、
単独あるいは連れと共に
心から愉しんで酒を呑んでいる、
または、見ていて
そう感じずにはいられない、
景色のいい居酒屋のこと。

もくじ

おじさん酒場

増補新版

あいてる?

01

抱擁するおじさん

きゃべ玉と男梅サワー
[まるよし・赤羽]

赤羽はせんべろ酒場の宝庫。
行けどもおじさん、またおじさん。
今宵は気安い駅前コの字カウンターへ。
肩を抱くようにして呑むふたり連れ。
おじさん同士の交歓とは
かくも触れあいに満ちたものなのか。
勧められた男梅サワーは
甘酸っぱい友情の味がした。

生まれ変わっても女がいいと思うけれど、男を羨ましく思うこともある。

心底認め合った男たちは、多くを語らずとも魂の底からつながっているかのようで、女には立ち入れない神聖な領域という気がしてしまう。

以前、ある男友だちが誤解からあらぬ噂を立てられたとき、サッパリしたつきあいに見えていた別の男友だちが全力で彼をかばい、火消しに回っていた。その様子を見て、これが男の友情というものかと感心した。言葉を通じて価値観や気持ちを共有していたい女同士とちがって、男たちは、こいつと決めた相手とは黙っていても信頼関係で結ばれているのだな、と。

ちなみに、ワタクシ的男の友情ナンバーワン映画は『昭和残俠伝』シリーズの第七作『死んで貰います』（一九七〇年、マキノ雅弘監督）。高倉健と池部良の師弟関係を超えた男と男の契りは、惚れた者同士だけが放つ濃密で張り詰めた空気に満ちていて、ふたりが見つめ合うシーンなど、これは友情というより恋愛映画だ！　と痺れまくってしまうのであります。

いま、わたしの目の前で健さんと良さんが肩を寄せ合って何やら話し込んでいる。

「おう姐さん、酒一本つけてもらおうか」

兄貴分の池部良がお銚子の首を持って店員に声をかけ……っていうのはもちろん妄

想。でも、そんなイマジネーションが膨らんでしまうくらいにラブラブのおじさんふたりがコの字カウンターの向こう岸で親密に酒を酌み交わしている。ひとりは麦わら帽子に銀縁眼鏡。明るい色のボタンダウンが若々しいけれど七〇代かな。もうひとりは、相手より年若く見える。スキンヘッドに薄いモスグリーンシャツ、バッグは斜めがけにしたままだ。酒場の喧噪に紛れて話す内容は聞こえないが、ときおり、スキンヘッドおじさんが麦わらおじさんの肩をぐっと抱くように引き寄せている。健さんと良さんはいいすぎだが、認め合っている様子が、ふたりの距離感から伝わってくる。

ここは北区赤羽。奇っ怪な人物やシュールな物体が次から次に登場する痛快マンガ『東京都北区赤羽』（清野とおる・著）の舞台でもあり、昼酒、いや朝っぱらから堂々と酒が呑める左党たちの聖地でもある。

「まるます家」「いこい」「丸健水産」など有名店も多いが、どれだけメディアが取り上げても辺境のイナたい空気が消えることはない。そのサブカル感がこのまちの魅力だ。

わたしがよく通っているのは東口駅前の「大衆酒場まるよし」。流儀やこだわりなど〝型〟のある居酒屋とは真逆の、ざっかけなさがいい。

すきっとした白い暖簾をくぐれば、二〇人以上は座れるコの字カウンターと小上がりの座敷。入って左手奥のカウンター席が、マイベストポジション。店内の全容が見渡せるので、酒場鑑賞にはもってこいなのだ。ただしこちら側は壁が近い。おなかの突き出たおじさま方は通るのに難儀しつつ、先客たちに「すみませんね」と断りながらようやく席に着いている。多少ぶつかってしまってもご愛敬。笑顔でどうぞどうぞとやれるのは、「コの字」の小舟によって生まれる共同体意識のおかげにちがいない。

両壁には、八〇円からはじまり、値段ごとに並ぶ明快な品書きがずらり。午後二時半の開店とともに、年金暮らしと思しき初老のおじさんたちがふらっとやってきて、テレビやスポーツ新聞を眺めながらぼんやり呑んでいる。早い時間は、たいていひとり客だ。が、寡黙に酒と向き合う孤高なタイプは少ない。コの字内側の化粧上手なエプロンねえさんにちょっかいを出したり、注文に迷っている一見客に「ここはきゃべ玉だ」などとお節介を焼いてあげるおじさんが多い。これも赤羽の土地柄か。

壁側のカウンターからは、コの字の対岸のおじさんたちが丸見えだ。ピンおじさんばかりのなかで、スキンシップ多めの健さん良さんコンビはカップルにしか見えない。

「おじさんってよく肩たたいたり、手を握ったりするんですよ」

瓶ビールを注ぎ合い、いっしょにきゃべ玉をつついていたるみ画伯が小声でいう。大学生のときからおじさん観察を続けている彼女の見立てだ、間違いなかろう。なる

とにかく楽しそうな2人組。
気になって、チラチラ見てしまったけど、
全然気付く様子もなく2人の世界を
満喫していた。スキンヘッドのおじさん
の愛が、若干強め。

ほどなあと、うなずいてきゃべ玉をほおばる。たしかに酒場のおじさんたちはよくじゃれ合ったり、ちどり足で肩を組んで帰っていったりしてるもんな。

「ホッピー　もつ焼きの店まるよし　きゃべ玉　煮込み」

　看板に堂々書かれているように、きゃべ玉はこの店の名物。ザク切りのキャベツとたまごを炒め、塩コショウで味つけした、朝ごはんのような一品。好みで、醤油やソースをかけてどうぞ、という配慮からだろう、まことに控えめでやわらかな味わいだ。ひとり客向けに「きゃべ玉小」があるのもニクイ。

瓶ビールと串カツを追加する。きゃべ玉が西の横綱なら、東の横綱には串カツを挙げたい。春の陽気のようなふんわり心地のきゃべ玉とはうって変わり、齧ると痛いくらいの衣に分厚い肉塊が包まれている。きゃべ玉でホッと癒やされたのち、串カツの衣と肉脂で口角を汚しながら、ビールやホッピーをぐびぐびと流し込む。これぞ、まるよしの愉しみ方なのである。

それにしても、ラブラブおじさんたちのよく呑むこと！ ひたすら燗酒を差しつ差されつ。時間が経つごとに、「お〜い、もう一本」と頼むペースが上がっている。つまみはほとんど食べていないようだ。

「うへぇ。おじさんたちすごい呑みますね。見てるだけで酔っ払いそう」

頬を染めて目をぱちくりさせているるみ画伯（見た目年齢一二歳）に、

「あらぁ。お嬢ちゃん未成年じゃないわよね？」

おかっぱ髪にミニスカートの看板ねえさんがジャブを繰り出す。

「えー、もう三〇過ぎですよぉ」

正直に答えるところが彼女の初々しさだ。

酒の追加を逡巡していると、「バイス、おすすめよ。シソ梅の甘酸っぱい味。色もカワイイからお嬢ちゃんにぴったりね」。娘に注ぐようなまなざしで教えてくれる。

そうだった。このねえさんはどんくさい店員にキレたり、泥酔客を叱ったりする一方で、ひとりで来たとき、「おひとりさまでも大丈夫」とウインクしてくれちゃうような、ツンデレねえさんだった。

「男梅サワーって甘くないですか?」

「甘くないわよ～。梅干しのすっぱさが効いていて人気よ」

甘さに怯え、酸味に安心するわたしにはもってこいだ。

「はい、バイスイチ～。俺梅イチ～」

元気いっぱいに注文を繰り返すツンデレねえさん。「オレウメ」って呼ぶのね。

やってきたバイスとオレウメはおじさんたちもよく呑むらしいが、薄い赤紫色は乙女カラー。恐るおそる口に含むと、ねえさんのいうとおり甘くない。梅干し、それも塩を吹いてシワの寄った梅干しの渋さがある。旨い。バイスを選んだ隣のお嬢ちゃんも「体によさそう」と満足げだ。

店内は、空席ができたと思ったらいつの間にか別のおじさんで埋まる、の繰り返し。まるで各駅停車の鈍行で長旅をしているような気分になってきた。まだ一時間ちょっとの滞在だけれど、入れ替りが激しいのだ。

最初からずっと居るのはわたしたちと、向こう岸の健さん良さんコンビだけになった。ふたりは周囲などおかまいなしに、ガラケーで何かを見せ合いっこして目尻を下げている。

「孫かペットの写真ですね」

るみ画伯、別名おじさん博士がつぶやく。なんでも、おじさんと仲良くなるには、「犬とか猫とか飼ってませんか？」とペットの話から入るといいのだそうだ。写真を見せてもらったりするうちに、仲良くなったら「お孫さんは？」と切り出す。お孫さんがいないひともいるからペット話が無難なのだと。ペットも孫もいなかったら？と後から思ったが、とにかく会話のとっかかりさえできれば話題はなんでもいいということだろう。バイスと俺梅をそれぞれ追加し、しばし、おじさんキラーのるみ画伯からその秘訣を教わる。

「あらぁ、○○さん、お帰り？　今日は久しぶりだったわよねえ」

看板ねえさんの声でハッとすると、仲良しふたり組が席を立って帰るところだった。スキンヘッドのおじさんは焼き方の兄さんに「体に気ぃつけてな」と手を差し出し、握手をしながら相手の手の甲をポンポンと叩いている。

彼らはこのあとどうするのだろうか。外はまだ明るい。もう一軒行くのなら、この先も見届けたい。わたしたちも急いで勘定を済ませ、ふたりを追うことに。慌てて店を出ると、西日で影が延び、まちが夕焼け色に染まりはじめていた。

おじさんたちは店からすぐのところで立ち話をしていた。久しぶりの再会だったのだろうか。話し込んでいていつまでも動こうとしない。が、もう一軒、の気配もない。一度、じゃあと手を振るものの、どちらからともなくまた話がはじまり、抱擁と肩組

みのエンドレスループ。そうして三〇分は経っただろうか、ようやくふたりは別々の方向へ歩き出した。

スキンヘッドは駅のほうへ。麦わら帽は商店街のほうへ。

それぞれ独りになったふたりは、スッと自分の世界に戻っていった。あんなに親密にしていたのに、幕切れは意外にもあっけなかった。これが男同士の酒、ということなのか。

二軒めに行こうか。さっぱりとはいかないわたしたちは歩き出す。

どこからともなく心地よい夕風が吹いてきた。

お店のこと

大衆酒場 まるよし

東京屈指のせんべろ酒場の聖地、赤羽のなかでもトップを争う安さ。おまけに東口至近。某有名酒場番組に取り上げられても変わらぬ空気と価格帯に、安心して毎日通いつづける常連多数。瓶ビール大600円、サワー各種380円（種類がめっちゃ豊富！）、日本酒大300円～。もつ焼き各90円、きゃべ玉370円（小230円）、串かつ１本230円、にら・ほうれん草おひたし230円、カレールー330円（酒のつまみでイケます）、まぐろ山かけ430円など、ご覧のとおりのせんべろ天国！●東京都北区赤羽１－２－４●電話：03（3901）8859

※料金は税込価格。メニュー内容や価格は2021年７月時点の情報です。変更が生じている可能性があります。

02

働きながら呑むおじさん

もつ煮込みと燃える男の酒

[いろは・溝口]

JR 南武線・武蔵溝ノ口駅と
東急田園都市線・溝の口駅からすぐ。
開発の進むこのまちにあって
駅近に闇市の名残を色濃く留める
西口商店街に足を踏み入れた。
どこまでが店でどこまでが道なのか。
混沌の酒場で意表をつくおじさん、
そして、謎の小瓶酒の正体やいかに!?

そのまちのことを知ったのは、『吞めば、都』（筑摩書房）という本がきっかけだった。著者のマイク・モラスキーさんはアメリカ・セントルイス生まれの早稲田大学教授。日本の戦後文化、とりわけ居酒屋文化に精通した学者である。

本書は、東京各地（府中、木場、立川、洲崎などマニアックなエリアも多数）の吞み歩き体験をベースに、日本の居酒屋文化を貪欲な好奇心とあふれる酒場愛とで考察した居酒屋論の名著。その冒頭の文章に釘付けになった。

取り上げられているのは、溝口。南武線と田園都市線が乗り入れる川崎市の駅だ。「居酒屋の東京」とサブタイトルがあるのに、神奈川県がトップバッターって⁉　なんてツッコミは野暮ってもの。モラちゃん（尊敬と親しみを込めて密かにそう呼ばせていただいております）が描く溝口の「西口商店街」に強い興味を持った。「この商店街ほど戦後闇市時代の〈空気〉がいまだに濃く漂っている場所はめずらしい」のであり、「都心の闇市由来の居酒屋街とはずいぶん違う」とまで書いている。

新宿の思い出横丁や上野のアメ横、横浜の野毛など、混沌としたエネルギーが詰まった場に身を浸して吞む酒はわたしも大好きだが、それらと溝口はどう異なるのか。

「時間が止まってるみたいですねぇ」

同行のるみ画伯がもつ煮込みをつつきながらあたりを見回し、感慨深げにいった。

溝の口駅西口商店街。わたしたちは「いろは」という立ち呑み屋にいた。時刻は一七時を回ったばかり。客はまばらだ。

商店街は、強風が吹いたら飛んでしまいそうなバラック然とした薄暗がりのなかにある。居酒屋、古本屋、和菓子店、八百屋などが雑然と並び、細い通路に平行して隣接する線路をときおり南武線が轟音とともに走り抜けていく。灰色のトタンは、屋根というよりかろうじてつながっている板と表現したほうが正しい。線路と通路を隔てるのは薄いプラスチックの板塀が途中までで、その先は錆びた金網。失礼ながら、綻びだらけのオンボロ商店街なのである。時代に取り残されたような闇市感を醸し出しているのは、そうした景観に加えて、二軒の立ち呑み屋の年季の入ったたたずまいによるところが大きいように思う。

ひとつは、わたしたちのいる「いろは」。もうひとつはより駅に近い「かとりや」。どちらもにこの地で五〇年以上続く古株だ。もつ焼きをアテに呑ませるのは共通で、どちらも酒欲をそそる香りの煙を絶えずあたりに放っている。わたしは何度目かの溝口だが、このまちに来たなら「かとりや」→「いろは」、あるいは「いろは」→「かとりや」。要するにハシゴを常としている。ぱっと見、似たような店に見えるかもしれないが、二店は似て非なる存在。楽しみ方も、味わい方もちがうのです。

いろはとかとりやの位置関係。

まず客層。「かとりや」は若干若め。女性もちらほら。電車に乗ってわざわざやってきた風の客も見かける。酒場番組などメディアで紹介されたからかもしれない。一方の「いろは」は、より地元色が強い気がする。男性率が高く年齢層もちと上か。そしてメニューが「かとりや」よりも豊富である。もつ以外にポテトサラダや野菜焼きなどがあり、先日は「今日からの新メニューだよ」と常連さんに勧められ、おでんにありついた。

こうした細かいちがいに気づいたりするのも、酒場通いの醍醐味である。

しかして今宵のハシゴ酒は「いろは」から。通路前の焼き台に群がってホッピーを呑み、もつ焼きを喰らうおじさんたち。店と通路を隔てる境界線は曖昧だ。みんな通路にはみ出して立っている。そのため、彼らの背中越しにセーラー服の女子高生や、買い物袋からねぎをのぞかせた主婦らが足早に通りすぎていく。

「おじさんたち、すぐ後ろを通る通行人がまったく気にならないんですね」

よくぞ気づいてくれた、るみ画伯。そうなのよ。こんなにオープンエアすぎる空間でも、スッと自分の世界に入れるおじさんって、やっぱり酒場の達人だね。独酌で黙々と呑み重ね、泰然自若としている彼らの後ろ姿には、気高さすら感じる。一生かけても、その境地には至れそうにない。

さて、「いろは」の呑みスペースは三ブロックある。その一、通路にはみ出した焼き台前のカウンター。その二、かつては隣り合う八百屋の倉庫か何かだったのではないかと思しき、四〜五坪ほどの空間にランダムに設置された立ち呑み用テーブル。その三、カウンター十席の店内。わたしたちは「その二」の片隅に陣取った。ここならその一もその三も見渡せる。

おじさんたちはたいていひとりでふらっと入ってくる。先客に顔見知りを見つけると、「よう」「どうも」とあいさつを交わしているが、いっしょに呑みはじめるわけでもなく、一定の距離をとりながら、すぐに各々自分の世界に入っていく。みなさん個人プレイがお好みのようだ。

特等席はやはり焼き台前のカウンターだろう。すでに大入り満員。これまた、個性的な面々が並んでいる。作務衣に下駄履きで骨董店でも営んでいそうなご主人、スキンヘッドにライダースジャケットの強面、思い出し笑いなのか薄笑いを浮かべつづけるケヴィン・スペイシー似。そこに、みんなから「まっちゃん」と呼ばれる白髪交じりのジャンパーおじさんがやってきた。

店の奥に入っていったのでトイレかと思いきや、「いろは」の刺繍が入った濃紺の半被に白い前掛け姿で戻ってきた。客ではなくお店の人だったのね。

そう合点したところだったのに、あれ、ほかの客たちと肩を並べてカウンターに立った。え、どっち？　わたしたちの疑問をよそに、まっちゃんは焼き台脇のクーラーボックスから空のグラスに氷をいくつか放り込むと、自分のボトル焼酎をグラスに注ぎ、当然のように呑みはじめた。ボトルには「リボ松」と書かれた謎のシールが貼れている。そういえば、阪神タイガースのキーホルダーや刺青男性の背中写真が貼られたエッジの効いたボトルを奥の棚でいくつか目にしたが、あれらも店の人たちのキープ酒なのだろうか。

働きながら呑む。なんと懐の深い酒場なのだろう。

リボ松おじさんは、焼酎グラスを片手に注文をテキパキ捌（さば）いている。わたしたちのテーブルがさみしいのに気づき、「なんか焼く？」と声をかけてくれた。煮込みのおかわりと焼き物はコブクロ、カシラを塩で、ビールをもう一本お願いした。

すかさず、るみ画伯がいつもどおりのおっとりとした口調で聞く。

「おじさん、リボ松ってどういう意味？」

「ああ、ボトル見たの？ リボっつったら〝リボ払い〟のリボに決まってるじゃん」

「へーそうなんだ。おじさん借金してるの？」

天然系の彼女は、日ごろから冷や汗ものの質問をおじさんに繰り出すのだけれど、またしても。

「しゃ、洒落だよ、シャレ」

首からかけた栓抜きでビール瓶をあけながら、意外にも取り乱している様子のリボ松さん。焼き台前のおじさんたちが一気に沸く。「これだよな」と小指を立てて見せるおじさん。パチンコのやりすぎだろ。そら聞いちゃいけねえぞ。やいのやいの。

客たちのイジりをなんとかかわしながらも、リボ松印の酒をぐびぐび呑み、まっちゃんは客に酒や焼き物を運んでいる。

じつは、そんな賑やかな客たちをよそに、我関せずとカウンターの端で呑んでいたおじいちゃんがずっと気になっていた。なにか空気が動いたなと思ったそのとき。器を片手で摑んで煮込みの汁をきれいに飲み干すと、おじいちゃんはわたしたちに向かって〈お先に〉と片手で敬礼のポーズをとり、帰っていった。

「これ、すごくおいしい。ゴボウも入ってて具だくさん」

おかわりするほど画伯も絶賛する煮込みは、さらりとしていて上品。野菜不足の男たちへの愛情だろうか。大根、人参、こんにゃく、ねぎもたっぷり、栄養満点だ。おじいちゃんが飲み干しちゃうのも納得。ふだんは煮込みに手を伸ばさないモラちゃんも、ここのはおかわりしてしまったそうな。

ポテサラも必食だ。甘いリンゴや人参が入っていて、給食か、はたまたおふくろさんの味。もつ焼きも含めて薄味なところは、武蔵小山の「牛太郎」を彷彿とさせる。

「煮込みは金曜しかないから、おねえさんたちラッキーだね」

追加で頼んだホッピーセットをテーブルに並べながら、まっちゃんが教えてくれる。ちゃんと働いているのね、エライ。氷だけが入ったグラスと、ホッピーの瓶。それに得体の知れない茶色い小瓶。聞くと、焼酎だという。へえ。焼酎とホッピーの配合を自分好みに調整できる店はほかにもあるが、一〇〇ミリリットルサイズの小瓶で焼酎

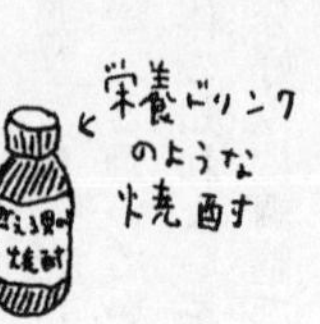

ホッピーセット

とは珍しい。まるで、滋養強壮の栄養ドリンクのように見えるのは、「燃える男の酒」と書かれた勇ましいラベルのせいかな。スクリューキャップのミシン目が切れているので、洗って使い回しているのだろう。

日本酒の一合呑みきりサイズのものとか、たまに酒場でこの手の瓶に出くわすと嬉しくなる。小瓶はレトロなデザインや形のものが多く、そのキッチュ感がおのれのわずかな乙女心をくすぐるのだ。

キュートな小瓶に、「燃える男の酒」のギャップ。ふたりでしげしげと眺めていたら、「呑めば呑むほどパワーアップ！」とニヤリまっちゃん。

中身は安価な甲類焼酎にちがいないが、その小瓶の酒をジョッキに注ぎ切ると、たしかに力がみなぎってきたような気もする。すぐその気になる単純な女なのです。見渡すと、いつの間にか店内も通路側のカウンターもおじさんたちでいっぱい。テーブルには「燃える男の酒」が何本も空いている。マッチョな気分になったわたしたちをよそに、おじさんたちはいたってフツー。ま、焼酎だもんね。なんにしても、

「燃える男の酒」が次々に飲み干される光景は壮観だ。

男が弱くなっただの、元気がないだのといわれてだいぶ経つけれど、酒場のおじさんたちは今宵も元気に平常運転。しょっちゅう通っているわけではないが、ここ西口商店街の酒場では、上司の愚痴や給料が上がらない不平をネタに陰気な酒を呑むひとなど見たことがない。スカッと爽快。元気ハツラツ。そんなどこかの栄養ドリンクのキャッチコピーを思い起こさせる清々しさがある。

モラちゃん、溝口の素晴らしさを教えてくれてありがとう。

にんにく串焼きを食べて勢いづいたわたしたちは、もう一軒、彼が賞賛する「かとりや」へ向かった。

お店のこと

いろは

戦後初期、昭和30年代の面影が残る溝口駅西口商店街の奥の立ち呑み。わたしはまだ未体験だが、焼き台前のカウンターはベニヤ板をかぶせただけの簡易なもので、手を置いていると電車の振動がビシビシ伝わってくるという。もつ焼きは１本100円で、オススメは大ぶりのコブクロ。金曜限定のもつ煮込み400円、冬期のみおでん有り。キリンラガー大600円、生ビール480円、ホッピーセット500円、清酒330円。●神奈川県川崎市高津区溝口２－４－３●電話：044（811）4881

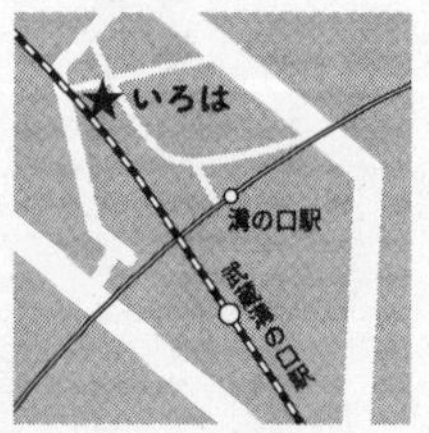

03

社章キラリなおじさん

コンビーフサンドとアオカン

[小野屋酒店・日本橋]

日本橋の角打ちは地下にある。
女将のよしこさんが待つ店内には、
小綺麗な年嵩おじさんが集う。
キラリと光る襟元の社章に、
古き佳き時代の日本が見え隠れ。
角打ちならではの発泡酒缶で乾杯！
背広姿の男性に惹かれる女心、
ここに来ればきっと満たされます。

背広姿の男を好もしく思う女は多い。

スーツはいわば制服であり、仕事着。ネクタイを締め背広の袖に腕を通すと、なぜか背筋が伸びるのだと妻ひとり子ひとりのダンディ中年氏がいっていた。背負っている責任や気合いが着こなしに表われ、男を魅力的に見せるのだと思う。その象徴が背広、というわけだ。フリーランス稼業のわたしのまわりには、ネクタイを締めて働く会社員はほとんどいない。好んで向かう酒場のおじさんたちも、キャップにジャンパーといったラフな格好が圧倒的に多い。

だからなのか、酒場で背広が似合うおじさんに出くわすと、こっそり観察してしまう。騒がしい団体や憂さ晴らし風の背広には閉口だが、本日の任務を終え、解き放たれた表情で一杯呑(や)っている背広おじさんは良い。

「背広が似合うおじさんって、なんかいいよね」

たまにはパリッとしたおじさんたちの輪のなかで呑みたい。そう打ち明けると、「わかります〜。わたしもスーツの男のひと好きです！」とるみ画伯。

わたしたちは出身がともに伊豆下田なのだが、このとき判明したもうひとつの共通点、それは、互いの父親が冠婚葬祭ぐらいでしかネクタイを締めない自由人だということだ。

「だから憧れちゃうんですかねぇ」

珍しく女子トークで盛り上がっているここは、日本橋のビルの谷間。「なんだか怪しげな角打ちがある」との情報を聞きつけ、日本屈指の金融街へやってきたのである。一八時を回り、店舗のシャッターはすでに下りていたが、左手に地下へつながる階段があり、「小野屋」の暖簾。こんなところに？と胸躍らせながら進んでいくと、驚いた。

一〇人ほど座れる小さなコの字カウンターに四人掛けテーブルがふたつ。酒屋の一角で立って呑ませる角打ちではなく、立派な酒場ではないか。さらに眼に飛び込んできたのは、正面の壁に貼られた筆ペンの品書き短冊。白い紙に流れる墨文字で三段にわたって全四〇品ほどが密集している。

旅の情緒を旅情というなら、酒場の品書きには、酒呑みに対する情け、〝酒情〟がある。「本しゃも」「もつ煮」「〆さば」「鳥の唐揚げ」「やきそば」「じゃがキムチ」など、一見オーソドックスな品が並んでいるように見えるが、その構成からこの店の主の愛情が伝わってくる。魚や珍味でちびちび呑みたいひともいれば、肉っ気の満足感が欲しいひと、いや健康のために野菜も食べとかなきゃのひと、でもやっぱり仕上げは炭水化物だよね、に落ち着くひと……。そんなわがままな酒呑みゴコロをしかと摑むものばかりなのだ。

「わー、全部おいしそう」

角打ちだし、缶詰と乾き物くらいしかないだろうと思っていた画伯は目を輝かせている。しかし、肝心のおじさんがいない。もう賑わっている時間かと思ったら、客はテーブル席に若めのサラリーマンが四人だけだ。日本橋の企業戦士たちは遅くまで残業するのだろうか……。一抹の不安がよぎったが、すぐに杞憂となった。

「ソーセージやき」をアテに大瓶のビールをふたりで一本飲み終わるころ。

カンカンカンカン。

階段を下りる足音とともに、グレーの背広にレジメンタルタイのおじさんがやってきた。向かいのカウンターの端に座ると、左胸の社章が蛍光灯に反射して光った。前髪に軽いウェーブがかかっている。見たところ五〇歳前後か。赤いペイズリー柄のバンダナにターコイズブルーのピアスが似合う女将（おかみ）さんに「今日は早いのね」と声をかけられ、「キリがよかったんで早仕舞い」と応えている。彼女のほうがちょいと年長かな。おじさんがおしぼりで手を拭っていると、頼まずとも缶のハイボールとグラス、それに氷セットが置かれた。いつも同じものを頼む客への気配りだろう。あとから知ったが、氷セットは別料金で、缶チューハイやホッピーなどを注文すると、氷の有無を聞いてくれるシステムになっている。

おじさんは早々にグラスを空にし、野菜炒めとハイボールのおかわりを注文した。仕事モードの頭を缶一本でほぐしてから、じっくりやろうというわけか。ビールでなくハイボール。肉や魚でなく野菜を選ぶあたりは、カロリーを気にしているのかもしれない。

こちらは肉食である。魅惑的なメニューのなかから「もつ煮」「ネギ玉子やき」と「コンビーフサンド」なるもの、それにホッピーセットをお願いした。

カンカンカンカン。

また階段を下りてくる音。こちらは前髪ウェーブおじさんと知り合いらしい。「おつかれさん」と声をかけ、隣に腰掛けた。やはりグレーの背広にレジメンタルタイ、そして社章。きれいに調えられた白髪、ボタンダウンシャツに清潔感がただよう。

「よしこちゃん、アオカンちょうだい。あとしゃもね」

女将さんを名前で呼ぶ。かなり通っている方なのだろう。アオカン（青缶）はアサヒビールの発泡酒、本生アクアブルーであった。その店独特の呼び名や流儀があるのは、酒場文化のひとつ。いまでこそ、ホッピーの焼酎をおかわりするとき「ナカ」、ホッピー自体を「ソト」と呼ぶのが酒呑みの間では一般化しているけど、最初はいったいどこのどなたがいいはじめたのだろう。いつか酒場の俗語を研究してみたい、などと考えをめぐらせていたら、よしこさんがコンビーフサンドを持ってきてくれた。

「こんなの初めて！」

差し出された皿に、思わずふたりで大きな声を上げてしまった。

だって、サンドウィッチを想像していたら、キュウリ一本をスライスし、コンビーフを挟んだ斬新な品だったんだもの。もつ煮やネギ玉はやわらかい味つけで、酒のつまみというよりお母さんの晩ご飯の味だわ、とほんわか気分になっていたところに意表をつくビジュアル。カウンターパンチに、これだから酒場は面白い。サンドに手をのばすと、よしこさんが「若い男性とか、グループのお客さんに人気なんですよ」と教えてくれる。我々は女ふたりだが、「これでしばらく呑めますね」と平然とホッピーのおかわりをつくってくれるるみ画伯。いい相棒だ。

「そうだ、これ」とウェーブ氏が先輩にゴルフ雑誌を渡した。

「お、サンキュ。八〇歳で三〇〇ヤードだって、すげえな」

表紙を見て驚きの声を上げる。白髪おじさんはどれどれと眼鏡を鼻にさげ、さっそくページを繰っている。

「おんなじ会社のひとですかぁ？」

「え、オレたち？　ちがうよ。こっちが製紙会社に勤めていて、刷り上がったばかりのコレ、たまにもらうんだよ。ゴルフ仲間でね」

〝なかむら記者〟の唐突な質問にもかかわらず、白髪おじさんが鼻眼鏡のまま上目遣いで教えてくれる。なんでも、ゴルフ好きの常連が集まり、年に二回、「小野屋杯」を開催しているのだという。優勝者には、女将さんから小野屋で呑める一万円分の商品券（みな〝よしこダラー〟と呼ぶらしい）が贈られる（太っ腹！）。

「よしこダラーを狙ってるんだけど、みんなうまいんだよなあゴルフ」

と鼻眼鏡さん。

お店で待ち合わせしたのかと思ったら、たまたまだそうだ。いたら一緒に飲むし、いなかったら、ひとりで飲むという気楽スタンス、うらやましいです。

「わたしはなんにもしてないんですよ。お客さんたちが勝手に仲良くなってくれるからありがたいですねぇ」

楚々と笑うよしこさんは美人だ。彼女に会いたくて通うおじさんは多いだろう。

カンカンカンカン。

そう思っていたら、次なる役者がやってきた。やっぱりグレーの背広にレジメンタルタイ。頭髪はさみしくなっているが、ブルーのシャツに幅広ネクタイがエレガントだ。何より目を引くのは、彼の社章。深紅を基調として陶製に見えたそれは、七宝焼きなのだという。

「このひと、七宝焼きの会社に勤めて

るからさ」

ウェーブ氏が教えてくれる。どうりで格調高く見えたわけだ。

「今日も銀座から？」

「そうだよ。いつものシルバーパスでな」

白髪おじさんの質問に、七宝焼きおじさんがニヤリ。今年七〇歳になったおじさんは、無料で乗車できるシルバーパスを利用して、お勤め先の銀座から自宅とは逆方向のよしこ酒場へバスで通っているのだという。ほかのふたりが「おれたちもこのひとみたいに七〇になっても酒呑んで、ゴルフに興じたいもんだよ」と羨ましがっている。

「アオカン、ロングね」

七宝焼きおじさんも発泡酒か。整った身なりからそれなりの暮らしをされているようにうかがえるが、自分で自由になる金はそれほどでもないのかな。いや、むしろあえて安酒を信条としているのかもしれない。

「男ひとり呑む酒に、美酒やグルメは必要ない。気軽な酒場がいちばんさ」

たまたま居合わせた常連同士、発泡酒やコップ酒片手に和やかに呑っている様を見ていたら、語らずともそんな声が聞こえてくるような気がした。

お店のこと

小野屋酒店 飲食部

日本橋は永代通りの一角。江戸橋1丁目の交差点そばの小さなビルの地下。目印は「ONOYA」の看板。階段を下りていけば、美人女将よしこさんと御年80歳超えのおかあさん（20時30分ごろご登場）がやさしく迎えてくれます。〆サバ480円、ネギチャーシュー500円、ネギ玉子やき450円、圧巻のコンビーフサンド780円など。大ビール550円、清酒340円、宝焼酎320円、ホッピー260円、氷220円、発泡酒（青缶）ロング380円など酒屋経営ゆえ缶類豊富。●東京都中央区日本橋1－14－6●電話：03（3271）3310

※2017年10月の情報です。

04

茄子をくれるおじさん

鰺の活造りと大徳利

[鳥恵・大船]

旨い鶏と魚を同時にいただける
なんとも欲張りな大船酒場。
ひとりで揚げ物三昧のおじさんに、
ひたすら宙を見つめるおじさん。
今夜は引きが強そうだ。
ちょいワルおじさんとは意気投合、
夏の陽を浴びた茄子を見つめながら
心地いい夜が更けてゆく。

酒場のおじさんはモノをくれる。

たまたま隣り合わせたよしみで「一杯どうぞ」「これ、旨いから食べてみな」とあの店、この店で何度ご馳走になったことか。

「いいんですか。ありがとうございます」

そういって、相手の好意を素直に受け止められるのは、そこが懐をあまり気にせずに楽しめる大衆酒場だから。そして、お酒を呑んで気が大きくなったおじさんの、そうしたささやかな好意の表し方を素敵だなと思う。本人はそのときの気分だったり、勢いだったりするのだろうけれど、受け取った側の心を、スッと持ちあげてくれることがあるのだ、ごくたまに。

その日は、大船で呑んでいた。

酒場百戦錬磨の先輩から、「鶏肉専門店が経営する飲み屋なんだけど、刺身がめっぽう旨くてさ。ぜったい気に入るから一度行ってみなよ」と教わり、やってきた。

鶏と活魚。看板料理がふたつあるのは、アイドルグループにセンターがふたりいるようなもので、バランスをとるのがむずかしいのではないかとちょっと気になったが、店の立派な構えを見て、そんな不安は吹き飛んだ。

朱色の楷書で「鶏肉専門店　鳥恵」と書かれた大きな看板の精肉店があり、その隣に、「活魚・鶏料理　居酒屋 鳥恵」と、これまた堂々たる看板。暖簾の向こうからは活気に満ちたさざめきが漏れている。

入るとすぐに大きな水槽がお出迎え。鯵、鯵、鯵……。銀色の肌を輝かせながら優雅に泳いでいる。最後の晩餐には「鯵タタキ」と決めているほどの鯵っ喰いには、たまらない光景だ。

奥に長いカウンターでは、地元民と思われる紳士淑女が憩っている。最奥にはイカリングに鯵フライ、天ぷら盛り合わせと揚げ物祭りを繰り広げているおじさんと、対照的に塩辛だけでお銚子を傾けているいぶし銀がおひとり。

揚げ物おじさんはレジ前の席で、ほかのカウンター席よりテーブルの奥行きが狭い。そんな窮屈なところじゃ楽しめるものも楽しめないいんじゃないかと心配してしまうくらいだ。そこに不釣り合いな大皿を並べ、左手には握ったままのチューハイグラス。グラスの置き場所がないのだ。でも、当の本人からはここが我が特等席とでもいいたげな満足がたたずまいから漏れている。

一方のお銚子おじさんは、隣でばりばりと音を立ててイカリングにかぶりついているご同輩には目もくれず、虚空を見つめて塩辛をつつき、お猪口（ちょこ）をちびり。マイペースこのうえない。いいなあ、自分の世界を持ってるおじさんって。

酒場劇場の役者がそろった。

キリリ立ち働く板前さんの頭上に掲げられた黒板は、品書きの上からシュッと線が引かれ終わってしまったものも多い。「あじ活造り」は……、あった！　いの一番に瓶ビールとともにお願いした。

さっきまで泳いでいた鯵は熟練の板さんによって手早く捌かれ、まだ口をぱくぱくさせている。成仏しておくれと手をあわせ、大ぶりに切られた鯵をほおばり、間違いなく今シーズン一の味だと感動した。ほわんとした甘み、青魚独特の香りには気品さえ感じられ、うっすらとした脂が旨味を高めている。

くぅうっ、と身をよじると、

「ねえさん、よっぽど鯵が好きなんだね」

声をかけられ、右を向くと、よく陽に灼けた坊主頭のおじさんが白い歯を見せて笑っている。彫りが深く、うっすら無精ひげ。五〇代前半だろうか。いや、ラコステの黒いポロシャツが若々しいけれど、もう少し人生を重ねているかもしれない。

奥のほうで盤石のおじさんっぷりを見せつけるふたりの役者ばかりに目がいき、隣にまったく意識が向いていなかった。

こちらのおじさんもひとりだ。会話がはじまる。

とにかく気になった、レジの前のわずかな幅のテーブルで粛々と飲むおじさん。きっと常連さんでここが定位置なのだろう。店員さんも慣れた様子で、お店と一体化していた。
こんなおじさんがいるなんて、いいお店としか言いようがない。

初めて来ました。そういうと、

「オレも初めてなんだけど、当たりだぜ、ココ」

声が弾んでいる。

初めて入った店がいい店だと嬉しいですよね、わかります。

なぁ、と相づちを打ちながら、肩越しに後ろの店員さんに「酒ひとつ。大きいので」と声をかけている。「冷たいの？」「いや、常温で」と短いやりとりがあり、

「呑むだろう？　そっちも同じのでいいよな」

古くからある大衆酒場の多くがそうであるように、ここも酒の種類は多くない。秋田の酒造メーカーの普通酒、高清水。なんの印も文字も入っていないのがかえって粋だ。背の高い白徳利の口までなみなみと注いでくれる。

湘南生まれ湘南育ちだというおじさんは、映画化されて話題になったマンガ『ホットロード』（紡木たく・著）の主人公ハルヤマ（暴走族のメンバー）のような青春時代を送ってきた方のようだ。「ひとにいえないようなこともいっぱいやったけどな」と口にする。

「鳥恵豆腐って、なんだろな」

メニューを見ながら首をかしげる。この店の名前を冠した一品。きっと自慢の肴な

のだろう。興味あります。食べませんか？

「むろん。合点だ」

おじさんは、生まれは東京だといっていた。鯔背(いなせ)な江戸っ子口調が小気味いい。

「いい夜になったな」

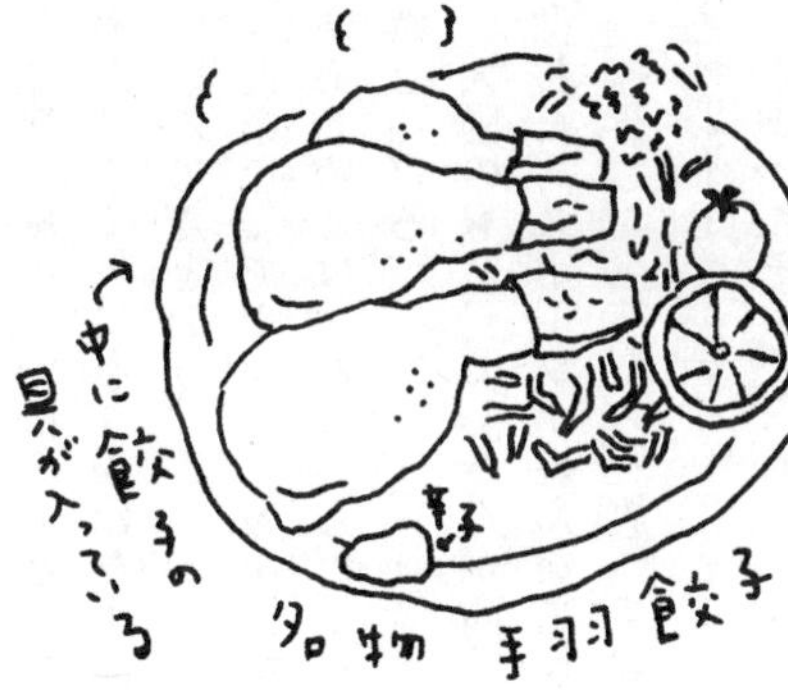

わたしの心の声が聞こえたかのようにつぶやく。

熱々の透明なあんをまとった豆腐は、鶏の出汁が濃厚に香り、塩味だけのシンプルな味わいが締めくくりの品にふさわしかった。

会計を済ませ、お互い席を立とうとすると、ポーターの分厚いバッグを肩にかけながら、いった。

「茄子は好きかい？」

え？

「仕事場でとれた茄子、あんだよ。持ってかない？」

あまりに唐突な申し出に、一瞬ポカンとしてしまった。

元暴走族の頭では？　と妄想したおじさんの生業は、名門男子高校の社会科教師だった。不登校になりかけた生徒たちを誘い、彼らとともに校庭の一角で野菜を栽培しているのだという。

「農業なんてやったことないから必死で勉強したよ。でも生徒たちには一切こうしろ、ああしろとはいわないんだ。自分たちで調べて四苦八苦して育てた野菜が実ったら、嬉しいだろ」

太陽のもと、おじさんが高校生たちといっしょに土を耕し、汗を流している姿を想像した。スポーツが盛んな高校で、校長は校庭に畑なんてと最初は渋ったが、

「挫折した生徒たちを放っておいていいのか。彼らに自分の手でものをつくる達成感を味わわせたい」

と迫ったそうだ。

授業で芥川龍之介の『羅生門』の話をしたあと、そういや記憶がおぼろげだと駅ナカの書店で求め、この店で読んでしまったという文庫、そして茄子をふたつ渡された。芥川は短編の名手ですよね、などと知ったふうなことを口にしたせいだ。中学生に戻った気分でありがたく受け取り、手をふって別れた。

翌日、茄子を網で炙りながら、台所で『羅生門』を読んだ。

お店のこと

鳥恵

「新鮮でおいしい刺身、湘南一をめざし頑張ります。」本日のおすすめ黒板に添えられたひと言に、この店の矜持が表れている。隣の鶏肉専門店が経営するため、焼き鳥などの鶏料理は鮮度抜群。また、相模湾を中心とする近海で獲れた刺身もはずせない。キリンラガー瓶大620円、生ビール中490円、酎ハイ430円、日本酒は高清水470円、まつもと570円、浦霞560円など。焼き鳥135円〜、あじ活造り680円など刺身各種あり。どれも安くて大盛り！●神奈川県鎌倉市大船１－19－13●電話：0467（44）9914

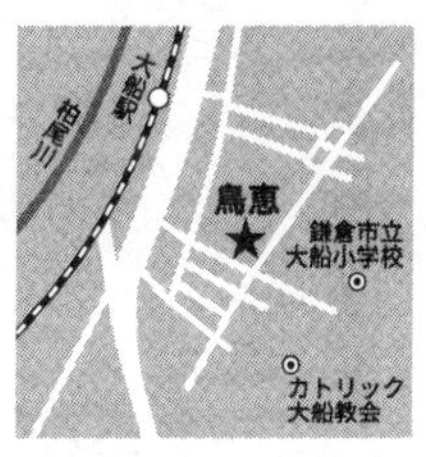

05

待ちわびるおじさん

ナマコ酢と日高見

[天昇・鎌倉]

鎌倉駅東口からすぐの古びた商店街。
小さくも活気に満ちた立ち呑み屋は、
普段着で気軽に寄れるローカル酒場。
サッポロ赤星の栓を自分で抜いたら、
その日揚がった地場の魚にうっとり舌鼓。
キャンドルナイトのやさしい光に包まれて
おじさんのいう「命綱」に
思いを馳せた。

地元の人は、平日も観光客で賑わう小町通りや鶴岡八幡宮のある東口を「表口」といい、反対側の御成通りがある西口のことを、比較的静かで観光色が薄いことから「裏口」と呼ぶ。以前、東京に住んでいたときに、鎌倉の酒場を案内してくれた作家の先生に教えてもらった。

でも、表口にもローカル酒場はある。客たちが思い思いに呑(や)っているおおらかな雰囲気が心地よく、通うようになった立ち呑みの「天昇」。東口すぐのトタン屋根の下、古道具店や園芸店、精肉店などが雑然と並ぶ丸七商店街の一角というのも風情がある。

いつもなら通路まで人があふれ、繁盛店の活気で賑わっているのに、今日はやけに静かだ。しかも暗い。休みかしらと思い、恐るおそる中をのぞくと、

「いらっしゃい、まいど！」

ねじり鉢巻きにピアスがイカしている、タカさんこと大将の山下貴大(たかひろ)さんがいつもどおり威勢よく迎えてくれた。客は焼き場前にひとり客らしき男性がふたり。若い男女が一組。わたしもそこに並んで立つ。

炭火の焼き場を囲むL字カウンターと、壁に向かって延びる一枚カウンター。客の増加に合わせて設置したのであろう、通路側に置かれた簡易テーブル（立ち用）と、テーブル席（ここだけ座れる）。真っ赤なギンガムチェックのテーブルシートがレトロ

でかわいらしい。満杯時には外にはみ出して呑んでいる客も含めて三〇人は優に超えるだろう。

酒は、ビール、日本酒、ワイン、焼酎、サワー、ホッピー、ハイボール……ひと通りそろっている。わたしはたいてい瓶ビール（サッポロラガー赤星）で喉を潤し、腰を据えて呑もうかなというときは日本酒を。友人といっしょで気楽に呑みたいときは、ホッピーぐびぐびコースになるパターンだ。

タカさんに断り、左奥の冷蔵ケースから赤星を一本とり、壁の柱にぶら下げてある栓抜きでシュポッ。何度か通ううち、常連客が自分で冷蔵ケースから酒やジョッキをとり、栓を抜いているのを見て、店の人に負担をかけないことに加え、どんなに忙しくても待たずに呑めるという一石二鳥の合理的、かつすぐれたシステムと感じ入り、わたしも先輩諸氏にならい、そうさせていただくことにしている（現在は、イケメン店員たちが運んでくれます）。

「くぎ煮食べてみない？」

なにを肴にしようか逡巡していたら、店のめぐさんが声をかけてくれた。あたしがつくったんだよという。

小魚のいかなごを甘塩っぱく煮つけた「くぎ煮」。ちびちびつまむにはいいね。じゃあ、それとナマコ酢ももらおう。

あいよっ。

嬉しそうに注文票に書きつけためぐさんは小柄で、笑うとどこか少女のようだ。

天昇は焼き鳥・焼きとん、おでんがメインの酒場だが、ほぼ毎日、近海で揚がった新鮮な刺身が並ぶ。

タカさんは大学卒業後、八王子の焼き鳥居酒屋で肉の下処理、串打ち、焼きの技術を腕に叩き込み、鮮魚の扱いも覚えた。友人の漁師などからその日揚がった地元鎌倉沖や逗子・葉山沖、大船、三崎などの魚を中心に仕入れている。

日によって魚が変わるから、通うと旬がわかって楽しい。四月初旬には「カワハギ肝和え」とにごり酒で至福を味わった。七月に入り鯵が旬を迎え、「アジ刺身」を黒板に発見したときの歓喜たるや。しかも、ひとり呑みの肴にちょうどいい量で三五〇円、高くても五〇〇円代と良心的だ。

震災直後、わたしが知るいくつかの東京の酒場では東北の日本酒を積極的に呑んで復興を応援しようという取り組みがなされていた。今日は天昇も、東北の銘酒をとりそろえ、「東北復興支援酒」と銘打っている。

宮城の日高見をまずいただこう。ほっそりとしたグラスになみなみと、受け皿までみっちりこぼしてくれる。太っ腹。きっちり酢を効かせたナマコ酢のコリコリとした歯ごたえに、日高見の上品な芳香が寄り添い、いっそう酒が進む。

大事ですよね、忘れないって。タカさんにふたたび話しかける。

「『追悼・復興祈願祭』といって、神道や仏教、キリスト教なんかの宗派を越えて、鶴岡八幡宮で毎年合同祈願を行なってるんすよ。震災が起きた一四時四六分には市内の寺院、教会の鐘が鳴って、黙禱を捧げる。自分も毎年参加してて、三月一一日は電気を消してキャンドル営業させてもらってるんす」

伊豆下田に住む両親と電話がつながらなくて心配だった、というと、ホッピーを呑んでいた右隣のおじさんが初めてこちらを向いた。うすいグレーの綿パンツに、同じ色合いのジャケット。年のころは七〇歳前後だろうか。来るたびに同じ顔に出くわすことの多い、常連率の高いこの店ではあまり見かけない方だ。

それまで会話に交わらず黙って呑んでいた彼は、わたしをまじまじと見て、「電話は年寄りにとっては命綱なんだ」という。「家に電話はあるの?」と聞かれ、固定電

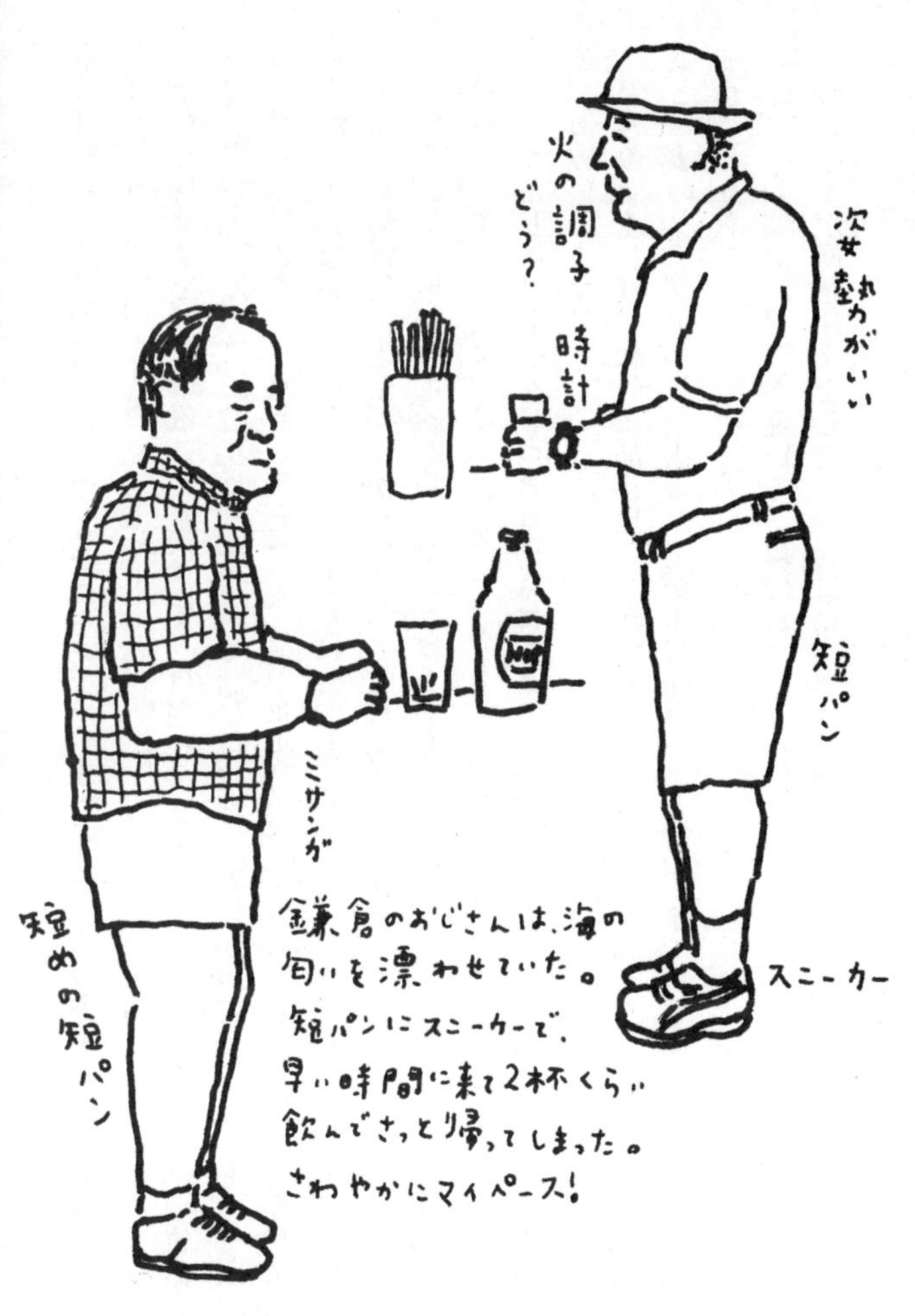
火の調子
どう？
姿勢がいい
時計
短パン
ミサンガ
スニーカー
短めの短パン
鎌倉のおじさんは、海の
匂いを漂わせていた。
短パンにスニーカーで、
早い時間に来て2杯くらい
飲んでさっと帰ってしまった。
さわやかにマイペース！

話は解約して携帯電話だけですと答えると、「いまのひとたちはみんなそうだよね」と静かにうなずき、こんな話をしてくれた。

鎌倉で自営業をしていることもあって、自宅にプライベートと営業用の二本の電話回線を引いている。ここ数年は営業用の電話にはほとんどかかってこないからもう契約を解除してしまおうかとも考えたが、何十年来の古客がもしかしたら電話をかけてくるかもしれないと思い直し、そのままにしてあるのだと。

実際、営業電話に電話がかかってくることはあるんですか?

「いや、ここ数年あの電話が鳴ったことはないね」

そういって、「タカちゃん、ナカちょうだい」と溶けた氷のジョッキを掲げた。あ、わたしにはお酒を。つぎは国権にしようかな。それと、つくね塩とささみわさび、お願いします。

天昇のつくねは、軟骨に加え黒ごまがたっぷり練り込んであって、しっかりした塩気とごまのプチプチとした歯ごたえが小気味いい。人気の串で、早くに売り切れてしまうこともある。

「こっちもつくね、二本焼いて。塩でね」

おじさんが同じ注文をした。手元にはくぎ煮と切り干し大根煮。くぎ煮はめぐさんに勧められたのだろう。渋い二品。

焼きものを待つあいだ、「鳴らない電話」のことを考えた。

どんなご商売なのか聞かなかったが、鎌倉の山側に住んでいるというおじさんの住まいは、緑が鬱蒼(うっそう)と茂り、ほとんど陽が入らない。

「湿気とたくさんの虫たちとの闘いだよ、鎌倉暮らしは」といっていた。湿気を含んだ薄暗い部屋の片隅に、ひっそりと置かれた一台の鳴らない電話。

あれから、あのおじさんには会っていない。

いまでもつくねを頼むと、二本瞬く間に食べてしまったあのおじさんと、鳴らない電話のことを思い出す。

お店のこと

天昇

鎌倉駅東口から徒歩１分。レトロな丸七商店街の一角に構えるひときわ賑やかな立ち飲み店。Ｔシャツ、短パン、ビーチサンダルで気軽に立ち寄れる鎌倉では貴重な存在。近海の地魚と丁寧に仕込まれた串ものを肴に、夜な夜な鎌倉ローカルたちが陽気に呑んでいる。ビール中瓶600円、生中550円、清酒300円、純米酒650円、ホッピーセット450円、焼き鳥150円、牛すじ煮350円。旬の刺身・焼魚300円〜。●神奈川県鎌倉市小町１－３－４●電話：0467（22）6099

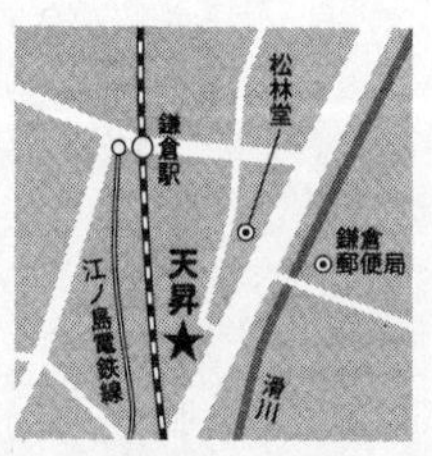

06

高級なおじさん

秋刀魚の燻製とぬる燗

[泰明庵・銀座]

銀座の蕎麦屋で酒を呑む。
なのに安くて盛りは多め。
肩肘張らずに旨いものを食べ、
旨い酒を呑める歓びよ。
今宵の酒場で出会ったのは、
仕立ての良い身なりの紳士３人連れ。
まるで風景の一部であるかのように
たゆたい、呑み、食う達人衆！

小学校に上がるか上がらないかの年端もいかないころ、祖父はわたしを連れて、ときおり外の店で酒を呑んでいた。

記憶の奥底に、徳利を傾ける祖父の姿がぼんやり残っている。幼いわたしが許される店が限られていたからか、単にそういう場を好んでいたからなのかはわからないが、行く店は寿司屋か蕎麦屋と決まっていた。

蕎麦屋といっても丼ものや定食、ラーメン、カレーなども置いている、まちの食堂に毛が生えたような店だ。わたしがオレンジジュースにカレーや親子丼を食べている向かいで、板わさ、焼き海苔、蕎麦味噌と、蕎麦屋の定番つまみ三点セットに徳利が並んでいた。その絵面がおもしろくて、「まゆみ、何か食べにいくか」と誘われると、わくわくしながらついていったものだ。

一合徳利できっちり二合。それ以上は呑まなかった。

店のおばちゃんにおかわりを頼むとき、徳利の首をつまんで軽く振ってみせるしぐさをジュースの小瓶でよく真似したっけ。いつかあんなふうに、「蕎麦屋で一杯」呑れる大人になりたい。おぼろげな記憶に残る祖父の酒の呑み方がいつしかわたしのお手本となっていた。

しゅっと呑んで、さっと帰る。そんな粋な酒呑みに憧れるが、なかなかどうしてむずかしい。とくに片端から頼みたくなる酒肴がそろう蕎麦屋などに入ってしまった日には、ねえ。

平貝刺身、皮はぎ刺身肝あえ、白子天ぷら、メゴチ天ぷら、桜海老かき揚げ、長芋の千切り、菊花ひたしポンズ、生しらすポンズ、うるめ、生タラ子、かしわとじ……。

突然の冷たい雨に、るみ画伯とあわてて駆け込んだ銀座「泰明庵」で、壁にずらり並ぶ短冊に目を泳がせながら、思う。

「せりのひたし、舞茸天、秋刀魚の燻製。それと熱燗二本、熱々でね」

奥の角席から声がかかる。

銀髪に、頭頂部が輝かんばかりの三人の紳士。

ひとりはツイードのジャケットにサイドゴアブーツがのぞいている。もうひとりは、ループタイにキャスケット。背中しか見えないおじさんは、ハリのある生地の仕立てのよさそうなスーツを着ている。

「高級なおじさんたちですね」

おじさん観察歴一〇年の画伯がいう。

ツイードの高級おじさんは常連らしく、背中に桔梗の家紋が入った半纏(はんてん)が格好いい店のねえさんと談笑している。初めて入った店では、ご常連の注文にならうべし。

秋刀魚の燻製が気になる。おじさんと談笑していたねえさんに尋ねると、

「お酒を呑まれるんだったらおすすめよ。うちの店の裏で秋刀魚を桜チップで燻(いぶ)してつくるの。厨房まで煙だらけで大変なんだけどね」

と歯切れよく説明してくれる。

蕎麦屋で燻製か。珍しい取り合わせ。

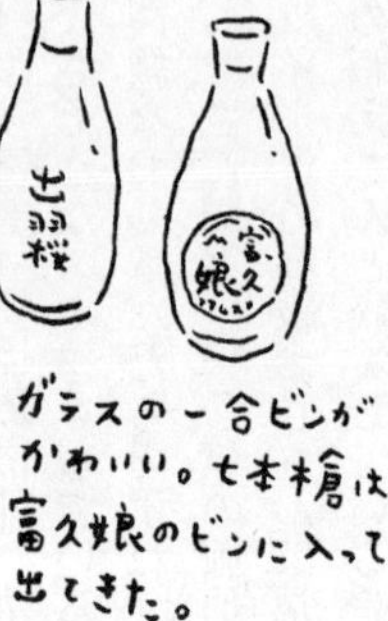

「じゃあ、ぬる燗一本と、その秋刀魚の燻製とせりのおひたしください」

席に着いてから一〇分も経っていないが、ひっきりなしに客が入ってくる。蕎麦だけかきこんで帰る客もいるから、回転は早い。ビール、白子天、生タラ子をひとりでやっつけているおじさんに、背中の家紋が褪(あ)せて見えなくなるほど年季の入った店員さんが「相席、いいですか?」と声をかけた。「どうぞどうぞ」。おじさんは、テーブルの酒やつまみを自分のほうに寄せている。「すみません、ありがとうございます」。若いカップルが向かいに並び、おじさんはにっこり笑顔になった。

ひとり呑みのおじさんには二タイプあるように思う。周囲に目もくれず、独りおのが世界に入って粛々と呑み重ねるおじさん。反対に、開放的で、店のひとや客とのコ

ミュニケーションを好むおじさんもいる。魚卵好きおじさんはどちらかというと、後者のタイプなのだろう。

せりの強い香り。燻した秋刀魚のひなびた味わい。

「真似して正解でしたね」とるみ氏。

うん。初めての店では常連風のおじさんの注文にならうに限る。

「そばコロッケ、三つちょうだい」

奥の高級おじさんから新規注文だ。そばコロッケ？　蕎麦入りってこと？

すかさず「こっちもそばコロッケを。あと、タラ子ちょい焼きとお酒一本も」。

そばコロッケは、鴨と鶏のひき肉に蕎麦と玉ネギをしっかり練って、半量になるまで炒めた種を使っているそうだ。こんがり揚がった熱々をほおばると、クリーミィななかに香ばしさが顔を出し、ビールより燗酒が似合う。

ずず、ずずずーーーっ。

いつの間にか、高級おじさんたちは〆に入っていた。三人とも同じ角度で背中をまるめ、一心不乱に湯気のたつ蕎麦を啜（すす）っている。

おじさんたちと話してみたかった我々は、「帰っちゃうよ、どうしよう」と会話の糸口を摑めないまま、好奇心をしまうべきか、勇気をふるうべきか迷っていた。

食べ終わったツイードのおじさんがスッと席を立ち、勝手知ったるしぐさで冷蔵庫上のティッシュを箱ごと手に取り、額と耳の後ろの汗を拭くと、お仲間にも「ほら」と渡した。

会計を済ませ、ほんのり上気した頬のおじさんたちが帰り際、わたしたちに声をかけてくれた。

「お先に失礼するよ」

すかさず、るみ画伯が口を開いた。

「みなさん、なんの集まりですか」

「オレたちかい？　老人会さ」

……え？

ワッハッハ‼　おやじギャグだったようだ。

「いやいや。商店街組合の古い仲間でね。さっきまで会合があったんだ」

「よくいらっしゃるんですか？」

「こちらの先輩が常連で、オレたちは連れてきてもらってんだよ」

手で示されたのは、先ほどティッシュを取りにいっていたおじさんだった。

「このひとは、オーダーメイドの紳士服屋をやっていてね。こっちのおじさんは、靴

蕎麦屋のおじさんというのは、
カフェのかわいい女の子ぐらい、
いなくては格好がつかない
存在だ。このおじさん達はジャケット
の色もしぶくって、ばっちりだった。

屋。ふたりとも銀座で長いよな、ずいぶん」

　先輩と呼ばれたおじさんが教えてくれる。

「先輩は商社で、外国から輸入した商品をオレたちの店に卸してくれてるんだ」

どうりで三人とも高級な香りがしたわけだ。

「お蕎麦は何を召し上がったんですか」

「かき南」

「天とじ」

「舞茸天カレー」

三者三様。しかもがっつり系だ。

「ここの蕎麦はどれも大盛りで、腹一杯になるからいいんだよな。ざるなんか二、三回たぐったらもうおしまいの上品な蕎麦屋、ありゃダメだね」

腹にたまらない酒肴でちびちびと酒を呑み、上品な盛りの蕎麦でメくくる。粋な呑み方とはそういうものなのかと勝手に思い込んでいたけど、酒はもっと自由でいいのだな。

そう改めて考えていると、ふいに祖父が酒をメたあとは、鴨南かカレー南をつゆも残さずぺろりと平らげていたことを思い出した。

お店のこと

泰明庵

泰明小学校近く、庶民的な構えに「そば軽食」の看板。１階、２階あわせて50席以上。前身は戦後料亭などを相手に商売をしていた鮮魚店だったこともあり、魚介メニューの豊富さと質のよさは常連も納得。瓶ビール中580円、日本酒は七本槍、黒帯750円など。生タラ子480円、そばコロッケ２個480円など。蕎麦はもり・かけ600円から舞茸カレー1100円、にらカレー1300円など。全部大盛り、銀座の良心。●東京都中央区銀座６－３－14●電話：03（3571）0840

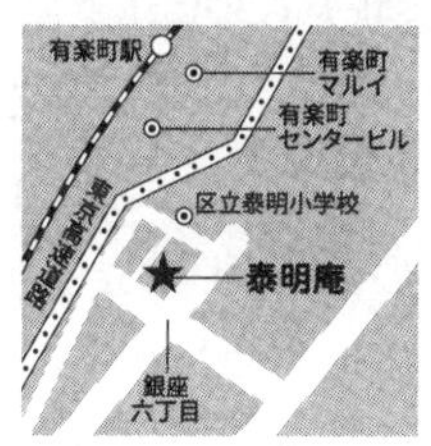

07

絶景なおじさん

ハムキャベツとサッポロ黒ラベル

［富士屋本店・渋谷　※2018年に閉店］

渋谷駅から歩道橋を渡る。
静かな路地の地下に潜ると、
弾けるような笑い声と揺れる人の波。
知らぬものはもぐりの立ち呑み名店。
肩をずらしてカウンターを分け合い
乾杯すれば、隣人はもう今宵の友。
東京の富士は雑居ビルの底にある。
嗚呼、絶景かな、絶景かな。

こんな言葉に遭遇した。

「出会いは絶景である」

編集者の後藤繁雄氏が一〇年以上の歳月をかけ、吉本隆明、山田風太郎、淀川長治、水木しげるなど二八人の思想家や作家にインタビューした快著『独特老人』（ちくま文庫）。そのなかに収録された、俳人・永田耕衣（ながたこうい）氏の言葉だ。

いわく、自然を絶景というけれど、ひととの出会いのほうが絶景だと、人間を讃える。

出会いという絶景に浴すことによって、ひとは成長する。しかしながら、単に生きているだけでは絶景には出会えない。人生の喜び。何か手応えのある、これこそ人生だと思える何か。そういうものを、求めていなければだめなんだ、永田氏はそう語った。

そうか。わたしは合点した。

なぜ自分が酒場に惹かれるのか。その理由のひとつがここにあると思った。

ひととひとの距離が近い、温度のある大衆酒場で出会うおじさんたち。彼らが見せてくれる世界に、わたしは絶景を感じていた。

決して絶景が見たいと思って足を運ぶわけではない。何の気なしに入った酒場で、

隣り合わせたよしみで声をかけてくれたであろうおじさんとの会話、酒の呑み方、所作……。そんなありふれた時間のなかに、ときおり心に残る風景が広がる瞬間があるのだ。ふと見上げた空にハッとするほど心を摑まれることがあるように。

「瓶ビールとハムキャベツください」

女友だちとふたり、古びたカウンターに千円札を一枚ずつ置き、ヒゲが立派な店員さんに声をかけた。

渋谷で随一の大衆立呑酒場「富士屋本店」。一七時の開店と同時に、還暦過ぎの紳士やミュージシャン風のキャップ青年、会社へノーリターンにちがいないサラリーマンなど、さまざまな人種がこの地下酒場へと吸い込まれていく。

体育館のように開放感ある店内をぐるり囲むのは、店の造りに合わせてジグザグと折れ曲がりながら、なんとか〝ロの字〟をつなぐカウンター。何十回と通ううちに、早い時間、入ってすぐ右の立ち席は重鎮エリアだと知った。若者の街らしく賑やかな酒呑みが多いなか、古参のご老人たちが静かに、でも愉快そうに憩っている姿をたびたび見かけた。

この日、一八時を回ったばかりだというのに、八〇人は入ろうかという店内はほぼ満杯。入口で店員さんに気づいてもらおうと背伸びをするも、みな忙しく立ち働いていて、視線を拾ってもらえない。

途方に暮れていると、重鎮エリアで呑んでいたおじさんが気を遣って、お仲間たちにちょっと詰めろと合図し、ふたり分のスペースを空けてくれた。

「すみません、ありがとうございます」

お礼をいいながら、みなさんに混ぜてもらう。

「ビールとハムキャベツで七五〇円ね」

ヒゲの兄貴がいって、カウンターの千円札を取り、二五〇円のお釣りを置いた。

ここは、キャッシュ・オン・デリバリーの店。二〇代で初めて訪れたとき、注文のつど支払いを済ませる明朗会計の潔さに、素晴らしいルール！　と感動したものだ。

サッポロ黒ラベルの大瓶をぐいっと喉に流し込み、あれ？　と思った。

喉が渇いていたせいかな、ビールがとびきりおいしい。

「ウマイ、ウマイなあ、ビール！」

製造年月を確認すると、瓶に詰めてからひと月も経っていない。どうりで。

「ビールは瓶に限るな。黒ラベル、ウマイよね」

友人とビールトークに花咲かせていると、重鎮チームのおじさんが声をかけてきた。

スプリングコートに明るい色のニットを着たわたしたちとは対照的に、おじさんは冬物のダークグリーンの背広にマフラーをつけたまま呑んでいた。

「生ビールもあるのに、瓶を選ぶなんて、ツウだねお姉さんたち」

嬉しそうにいって、自分のグラスに黒ラベルを勢いよく注いだ。

「きみたち、どっからきたの？　よく来るの？　ここ」

好奇心を隠さずに、おじさんは聞いてくる。

同色のパンツに革靴。後ろの壁に無造作に置かれたビジネスバッグ。勤め人なのだろう。私鉄の駅前の古びた不動産屋の奥で新聞なんか読んでいそうな……要するに、失礼ながら気に留まらないタイプのひとだった。

石垣島出身のおおらかな友人は、おじさんの質問攻めに面倒がらず愛想よく答えている。わたしは適当に相づちを打ちながら、皿にてんこ盛りのハムキャベツをつついた。

キャベツの千切りの上にマヨネーズをたっぷり絞り、キャベツを覆い隠すようにハムを乗せてある。春キャベツの季節だ。ふんわりやわらかいキャベツをハムで巻いて食べる。何の変哲もない酒のアテだが、それがかえって立ち呑みにふさわしく、いつも最初にかならず頼む。

「彼女に最初連れてきてもらって、今日が二度目です」

質問に友人が答えると、おじさんはネクタイを正すしぐさでマフラーを整え、ますます嬉しそうに「ここはね……」と説明しはじめた。

「有名な俳優とか文化人とかもけっこう来るんだよ。テレビとか雑誌社とか、マスコミの人間も多いね」

「雑誌社」という表現に年代を感じ、ちょっと興味が出た。

「よくいらっしゃるんですか。さっき、女将さんと親しげに話してましたよね」

わたしが声をかけると、

「オレかい？　オレは昭和四六年からここの店、通ってるんだ。一八歳だったけどね。え、年齢？　そんなのひとつやふたつ、ごまかすさ。ワハハハハ！」

どこまでも陽気なおじさん。しかし、昭和四六年からといったら、四四年通っている計算じゃないか。というか、富士屋ってそんな古くからある酒場だったんだ。

「四〇年以上も……!?　おじさん、すごいね」

友人が感嘆する。

「創業は明治時代だと聞いたよ。オレは当時大学生でカネなんかなかったからさ、安くて腹いっぱいになって酒が呑める店はありがたかったなあ。四〇年つってもよ、途中、飲み屋の女に入れあげちゃった時期があってさ。ああいう店はさ、ちょっと座ってウイスキーの水割り一杯呑んで、乾きもんなんか出る程度で勘定っていったら一万円の世界だろ？　大衆酒場とは大ちがいさ。んでオレも目が覚めて、戻ってきたわけ。やっぱり渋谷は富士屋がいちばん。それからは、ここひと筋だ」

ハムキャベツをきれいにさらって食べていたおじさんの前に、鯖の塩焼きが置かれた。どうやら、ほかの重鎮たちはここで顔見知りなだけで、おじさんはひとりらしい。まるで呑み友だちのように屈託なく話しかけるのは、彼の習性なのだろう。

「ここは大衆酒場だ。みんなで楽しく呑もう」

おいしそうにビールを飲み、店員とも客とも上機嫌で話すおじさんのペースに、いつの間にか引き込まれていた。映画の後半、それまで印象の薄かった脇役が何かのきっかけで急に存在感を増してくるあの感じ。

「三五〇円ね」

冨士眞奈美似の女将さんがカウンターから小銭を取りながら、

「そういえば〇〇さん、しばらく見ないけど、元気かしらね。週に三度は来てたひとが顔出さないと心配になるのよ」

とおじさんに話しかけている。

「ああ、〇〇さんね……」

おじさんは前屈みになって、女将さんと話し込みモードになった。

「おまたせ！」

遅れてきたわたしの友人たちが、弾ける笑顔で空きのできたカウンターに入ってくる。

瓶ビールを追加し、「カンパイ！」、グラスを合わせた。

突然かしましくなった隣人たちを見て、相変わらずマフラーをつけたままのおじさんが笑う。

「おいおい、何人になるんだ？」

「あ、すみません。これ以上増えないので安心して、おじさん♡」

石垣島出身の友が愛嬌たっぷりに返すと、ほかの重鎮仲間たちに気を遣っている風を装い、小声で「オレばっかり女性と話していると嫉妬されっからさ」と目尻を下げた。

いい感じの立呑みおじさんは、この使っていない方の手の置き所が、なんかソフトでよい。

友人たちの歓声がおじさんチームの間に広がり、場が桜色に華やいだ。

途中寄り道はしたけれど、富士屋本店に四四年通い詰めている一途なおじさん。

おじさんとは、きっとまたここで会えるだろう。

酒場にはありふれた一夜の風景だと思っていたのに「お先に」と別れを告げるころ、その存在は、わたしにあの言葉を思い出させていた。

「出会いは絶景である」と。

お店のこと

大衆立呑酒場　富士屋本店（閉店）

再開発で変わりゆく渋谷にあって、明治時代から続く「富士屋本店」だけは時が止まっている。細い階段を降り、地下へ潜ると、そこは別世界。広い店内に老若男女がみっしり立ち呑む風景は壮観。いちばん人気はハムキャベツ300円とマカロニサラダ（と表記されたスパサラ）200円。ほか、揚げ物各種、刺身や季節の小鉢など、どれもこれも安くて大盛り、ウマイ！　泣けてきます。瓶ビール大450円、ホッピー200円、宝焼酎（360mℓ）600円など。●東京都渋谷区桜丘２－３Ｂ１●電話：なし

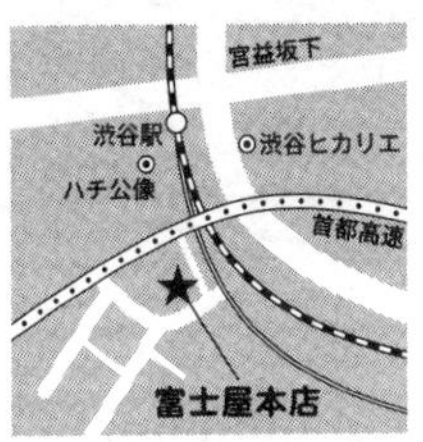

十条・斎藤酒場より

08

駅で飲むおじさん

ベーコンドッグとギネス

[BERG・新宿]

JR 新宿駅、東口地下のベルク。
ここはビールやコーヒーで気楽に時を過ごせる
みんなのサードプレイスだ。
歴史と哲学が息づく狭小スペースには、
早朝からいろんな人間が現れる。
朝帰りのワケあり男女、徹夜明けの会社員、
決まった曜日に決まったものだけ
食べにくる不思議なおじさん……。

午前八時すぎ。ＪＲ新宿駅は通勤で急ぐひとたちが縦横に行き交っている。押し寄せるひとの波をかわし、東口改札を抜けまっすぐ「ビア&カフェ　ベルク」に入った。かつてこのまちに住んでいたわたしにとって、徹夜仕事明け、ひと眠りの前の生ビールを求めにきた店であり、近くの書店で購入したばかりの本を広げながら呑む店であった。店員さんたちの情熱と愛が詰まった『ベルク通信』を目当てに来ることもあったし、友人とここで一杯ひっかけてから夜の街に繰り出したことも数え切れない。

どんなときだってベルクはベルクであり、それ以上でもそれ以下でもなかった。いつ訪れても素早く、かつ丁寧に、吟味された味を提供することに全力投球なのだ。「お仕事帰りですか?」「お久しぶりですね」。そんな会話はここには必要ない。注文だけ通せば、あとは誰でもない客として束の間、店内のさざめきのなか、ぼんやりと過ごせばいい。あらゆる種類の人間が集まる新宿で、雑多なひとびとに紛れ、透明人間の気分が味わえる酒場は、ここベルクぐらいだ。

午前九時。通勤前にコーヒーやモーニングを手早く済ませていく会社員が多い。スタンディングの禁煙コーナーで朝食がわりのビールを呑んでいると、若い女性とともにべっ甲の丸メガネに調えられた口髭が目を引くおじさんがやってきた。

「わたし、白ワインとレバーパテ」

おじさんに頼むと、女性はレジ前のテーブル席に腰を下ろした。黒いコートを脱ぐと胸元がのぞく、やはり黒のセーター。強めのアイラインと伸びやかなマスカラ。それに負けないハッキリした目鼻立ち。髪をアップにし、スッと伸びた背筋に意志の強さを感じる。

「ギネス一パイントと白ワイン。あとレバーハーブパテとベーコンドッグね」

おじさんは注文を受け取ると、女性の前に座った。膨らみはじめた桜のつぼみが縮み上がるほど寒さが戻った今朝。おじさんはネイビーのフィッシャーマンセーターにダウンジャケット、コーデュロイパンツとカジュアルな格好だ。ウィングチップの革靴が全体のコーディネートを引き締めている。理知的な額は大学教授か研究者を思わせるが、ファッションのこなれ具合からすると業界人かアパレルか。

気になるからもう一杯。財布からさっき購入したビアチケット（一〇杯分の値段三三〇〇円で一一杯呑める。一杯三〇〇円！）を一枚もぎり、レジのお姉さんに渡す。「チケットの方は並ばずに直接頼んでいただいて大丈夫ですよ」と教えてくれた。混んでいるときはありがたい。覚えておこう。

出勤前の混雑が少し落ち着くと、ふたりの会話が途切れ途切れに聞こえてきた。なにしろすぐ目の前の席なのだ。

「わたし、ここのレバーだけは食べられるんです。ほかは臭くてぜんぜんダメ」

「〇〇〇（都内で名の知れた高級焼き鳥店）でさえ、食べられなかったよねキミ」

「〇〇さんが連れていってくれるところ、どこもホントにおいしくて、いつも感動しちゃうんですけどねー」

「元手がかかってるからね」（ニヤリ）

「あ、ホントごめんなさい、いつもご馳走になって」

「いや、オレが食いたいだけだから。若いころ貧乏でさ。風呂なし共同トイレ、共同洗面所のボロアパートに住んでたんだ。あのときは吉野家の牛丼によく世話になったなあ。たしか当時は並盛りが二〇〇円だったんだよ。つゆだく大盛りにして肉をこうやって半分によけてさ（両手でエア丼をつくり、フォークを箸がわりにして説明する）、サービスの紅ショウガを半分白飯だけになったところにてんこ盛りにして食べるんだ」

「へえ。そんな食べ方あるんですね。わたし、牛丼屋入ったことない」

ギネスから通常の生ビールに切り替え、真面目な面持ちでいかに吉野屋の牛丼が旨いかを説明していたおじさんは、当然だといわんばかりに「女性はああいうところ行かないでしょ」とうなずく。

ちょっと待って。わたしもおじさんといっしょで、吉牛(よしぎゅう)には若いころお世話になりましたよ。徹夜明けの牛丼。朝の光を呪いながら、紅ショウガと七味唐辛子をこれでもかと加えてかきこんでました。つゆは少なめのほうが好みですけど。

心のなかで反論していると、おじさんが席を立った。

「腹へらない？　牛丼食っていこうよ」

漏れ聞こえてきた会話から、彼は経営者であることがわかった。相当な美食家、趣味人らしく、麻布のバーでとびきり旨いカツサンドが出てきて喜んだら七〇〇〇円だった、ともいっていた。どれだけ自由になるお金があっても、まだ何者でもなく、何者になれるかもわからなかった時代に食べた一杯の牛丼が忘れられないのだろう。毎日のように徹夜↓牛丼↓仮眠↓出社、の日々を送っていた二〇代の自分と、白髭(しろひげ)おしゃれおじさんの若かりしころを重ね合わせ、鼻の奥がキューッとなった。

「わたし、お腹すいてないんで大丈夫です」

女性が若干引き気味になって断ると、そうだよなと笑い、「オレは久しぶりに食って帰るよ」。そういって、ふたりそろって店を出ていった。

午後四時すぎ。ベルク愛好家の画伯が合流するころ、店はにわかに活気づいてきた。

ビールの注文が次々と入る。たいていはひとり客だ。泡がこんもり盛り上がった生ビールを受け取ると、カウンターに向かって立ったままぐいぐい。パッと帰るひともいれば、読書に没頭しながらじっくり味わうひともいる。入口の外に置かれたベルク通信をもらって読みふけるひとも。

女性のひとり客が多いのもベルクらしさだ。ビールだけで済ます男性が多いのに比べ、ビールやワインとともに何か食べ物も頼んでいるひとが目立つ。筆者リサーチによると、朝から定点観測したこの日はベルクがこだわる天然酵母パンとハム、パテなどの盛り合わせ「ジャーマン・ビア（ｏｒワイン）セット」が人気だった。

真っ赤なステンカラーコートに白髪ベリーショートのご婦人が、このセットで黒ビールを立ち呑みする姿は堂々としていて決まっていた。呑みっぷりのいいことといったら。あっという間に呑み干し、決めていたとばかりに二杯目を頼んでいる。七〇代かな。わたしもあんなふうにベルクを日常づかいできるおばさまになりたい。

かたや同じ赤いワンピースのるみ画伯は、童顔ゆえ赤ずきんちゃんにしか見えない（失敬）。

「おじさん、あんましいませんねえ」と店内を見渡しながら、お気に入りだというラタトゥイユとキッパーヘリング（にしんの燻製。しゃれたものを好みますね）をつまみ、エーデルピルスをおいしそうに呑む。彼女も移動途中や新宿での買い物ついでに、ひとりでふらりと寄るという。

「ひとに会ってなんだか疲れちゃったな、ってときとか、ここでひとりぼーっとビール呑むのが好きなんです。もう何度も読んだけど、このお話が好きでついまた読んじゃう」

画伯が繰り返し読むという壁の「三つのパン屋さんのお話」。「生活のためにパンを焼く。それとも、パンを焼くための生活なのか？」ではじまる短い文章は、わたしも好きだ。読むとベルクが何を大切にし、何を我々客に提供しようとしているのか、その魂がわかる。

午後五時すぎ。レジ前に列ができるくらい混み合ってきた。大勢のひとがやってくるベルクで長居は野暮。あまり混雑してきたら失礼しないと、と思いながら注文を待つひとたちを見やり、ひとりのおじさんに目が留まった。レモンイエローのダウンにチノパン。足元はVANSのスリッポン。あれ……見覚えがあるぞ。急いで記憶をたどる。そうだ、先週友人と来たときにも同じ出で立ちで来ていたおじさんだ。曜日も時間帯も、まったく同じ。

あのとき、おじさんはたしかアイスコーヒーとゆで卵二個だった。もしかして……。

レモンイエローのおじさんは壁のメニューには目もくれず、じっと順番がくるのを待っている。自分の番になると手短に何かを告げ、腰にくくりつけたウエストポーチから小銭を取り出すと店員に手渡した。

固唾を呑んで見守る。店員さんが、レジ前に置かれた「安全おいしい！　自然卵のゆで卵　五五円」のカゴに手を伸ばすのが見えた。

やっぱり！　わたしたちはお宝を発見した気分になり、黄色いおじさんの一挙手一投足を目で追った。彼はこちらの喜びようをよそに、空いているカウンターにスッと入ると、コッコッコッとテーブルの角で卵を叩き、器用に殻を剝いた。現れた白い物体を半分齧る。そしてアイスコーヒーをチューッ。残りをパクリ。モグモグしながら、もうひとつの卵を同じ要領で割り、殻を剝いて食す。途中、ひと息ついたり、まわりを眺めたりすることはなかった。脇目もふらず、一気呵成にゆで卵、ふたつ完食。それから少しスピードをゆるめ、アイスコーヒーを味わうように飲んでいる。

正味一五分。おじさんのベルク滞在時間はそのくらいだった。トレーを返却口に下げると、何事もなかったように店を出ていった。わたしは思わず追いかけた。おじさんは片耳に突っ込んでいたイヤホンをはずすと、気難しそうだった表情が人懐こい笑いじわに変わった。

埼玉の奥のほうから週に一度、電車で新宿に遊びにきている。酒は呑まない。ハナシを聞くのが好きなんだ。「アソビ、ハナシ」と聞き、一瞬女性が相手をしてくれる店かと思ったら、寄席の〝噺〟だった。末廣亭のことだろう。その前にかならずベルクに寄り、アイスコーヒーとゆで卵ふたつ。注文は決まっているという。

「好きなんだよ、たまごが。旨いんだ、ここの。味が濃い気がするんだよね」

理由を尋ねると、ちょっと恥ずかしそうに歯抜けの笑顔で教えてくれた。ベルクは自然卵にこだわっているからね。おじさんは味のわかる男だ。

レモンイエローの背中は、新宿三丁目方面に続く駅構内の雑踏へふわふわと消えていった。末廣亭の暗がりでも、あの明るい色は目立つにちがいない。

たくさんのおいしそうなメニューがある中、
ゆで卵とアイスコーヒーを選ぶなんて!!
若者にはまだまだできない芸当です。

お店のこと

BEER&CAFE BERG

新宿駅東口。地下通路のわずか15坪の狭小店だが、毎日1500人以上の“LOVE! BERG!”たちが何かを満たしにやってくる。一時は立ち退き問題に揺れたが、２万人以上の署名を集め現在も営業継続中。生ビール330円（11枚綴りのビアチケットで１杯300円に）、ワイン330円～、純米酒440円～。ベルクドック319円、ジャーマン・ビア（ワインも有）セット847円など。ここに来ればなんとかなる。みんながそう思うみんなのベルク。●東京都新宿区新宿３－38－１
●電話：03（3226）1288

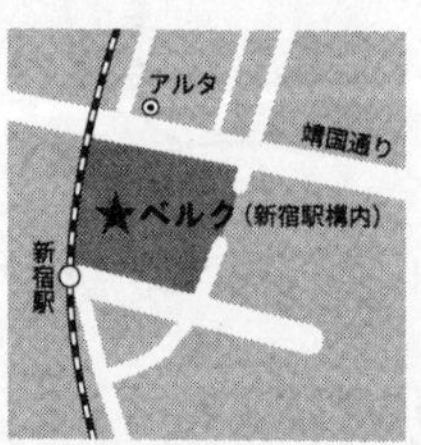

09

海苔弁おじさん

アジフライと白鶴

[三州屋・銀座]

長年変わらぬ活況の老舗は、
並木通りの細い路地を入った先の桃源郷。
取り出した本の「海苔弁」の文字に
脊髄反射を示した隣のおじさん。
郷愁だけじゃないレシピへのこだわりは
いかにも「手練れのおじさん」だ。
大切な記憶をいくつ持てるか——
人生の慈しみ方を学んだ夜。

夜更けに米を炊いた。

炊きあがったアツアツの飯を底の浅いホーローの箱に薄く広げ、醬油で湿らせた海苔を白い飯が見えなくなるようにかぶせる。その上に、ふたたび白飯を敷き詰め、醬油浸しの海苔をもう一枚。二段重ねの海苔弁だ。おかずはない。純然たる海苔とごはんだけの世界。わたしは蓋を閉じると満足し、ふとんに潜り込んだ——。

弁当の必要もないのに、終電帰りに眠気と闘いながら米なぞ炊いたのにはわけがある。酒場のおじさんに、ある思い出話を聞いたからだ。

高級メゾンが並ぶ銀座並木通りのビルの谷間、路地の突き当たりに藍暖簾が掛かる大衆割烹「三州屋」。一九六八年創業、昭和の空気を残した庶民的な酒場はこの界隈では貴重で、銀座で呑もうとなったら、「三州屋!」となる。

ひと仕事を終えた一九時すぎ。いつもならひとりで行っても入れないくらい賑わっているが、台風の影響で荒れた天候が続いたせいか、六人掛けの白木卓は珍しく空席が目立つ。

「何人さーん?」。刺身の乗った皿を運んでいるねえさんに聞かれて、人差し指を立てると、入って右側のカウンター席に促された。広い店内を見渡しながらのびのびしたかったが、ひとりゆえ仕方がない。

「瓶ビールとアジフライ、それと春菊のおひたしください」

　座るなり、愛想笑いひとつしない（そこがいい）黒いブラウスに赤紫の花柄エプロンのねえさんをつかまえて注文を伝えた。

　三州屋は、壁という壁に白短冊の品書きが整然と貼り巡らされている。一〇〇以上はあろうかという品揃えなのだが、来るたびについ同じものを頼んでしまう。「鳥豆腐」「アジフライ」（冬には「カキフライ」）「おひたし」（東京らしく品書きの表記は「おしたし」）。昔ながらの酒場では、冒険より安心が心地いいのだ。

　右隣のおじさん三人組は、会社帰りに同僚と一杯コースのようで、熱心に相撲の話をしている。

「綱取りを期待していた稀勢の里が初日でいきなり黒星スタートだろ。横綱白鵬はケガで休場しているし、迫力に欠ける場所だよな」

「オレは安美錦を応援してるぜ。三七歳、最年長で角界に踏みとどまっている意地がいいじゃないか」

　卓上にはボトルの芋焼酎と新じゃが唐揚げが数片残っているのみ。ひと通り食べ終え、相撲を肴に呑んでいるようだ。

　賑やかな三人組とは対照的に左隣は独酌おじさん。ウドの酢みそ和え、銀杏、一合徳利が手元に並ぶ。黒いシャツにコットンパンツ、眼鏡。散髪したてのように切りそろえられた襟足が清々しい。映画を観たあとか何かで「一杯呑んで帰るか」と立ち寄ったようなラフさが感じられる。小柄で、みっしり密度が高そうな体つきは、関取でいったら舞の海あたりかな。

両隣とも、自分たちの世界に入っていてこちらに興味を示す気配はない。

ゆっくり呑ろう。来しなに書店で買い求めた文庫本でも読もうかと卓の上に出すと、「海苔弁?」左のおじさんがやにわにつぶやいた。本のタイトル『ひさしぶりの海苔弁』(文春文庫)に反応したようだった。「週刊文春」の連載をまとめた平松洋子さんのエッセイ集だ。

わたしは平松さんを食エッセイのアクロバティストだと思っている。たとえば、この本では「なすは肉」だといって、こうたたみかける。

「しかも猛禽類だ。油は吸うわ、醬油でもトマトの汁でも味噌でもなんでも際限なく吸いこんでわがものにする獰猛っぷりは周知の事実」

なすから猛禽類! まるでウルトラCの跳躍のごとき筆づかいではないか。

そんな平松洋子談義をおじさんと交わせるかと期待したが、そうではなかった。

「ぼく、自分で海苔弁つくって、よく家で食べるんですよ」

え？　弁当を、家で？

「ええ。子どものころ、おふくろがよくつくってくれましてね。アルマイトの弁当箱を開けると、醤油が染みた海苔の匂いがして食欲が一気に爆発するんです。おかずは、梅干しにウィンナーか鮭が端っこに押し込まれている程度で、基本は黒い海苔に覆われた飯のみ。これが妙に旨い。いつもはおかずが少ないと母親に文句をいってましたが、海苔弁に限っては、おかずなんか要りません。海苔と醤油と米。これだけでじゅうぶん」

へえ。思い出の味なんですね。

「ときおり、あの味が食べたくなって朝から米を炊いてね、弁当箱につくっておくんですよ。醤油を浸した海苔が飯に馴染むまで時間がかかりますからね。蓋をして最低でも二時間はおきたい。その間にいい塩梅に海苔が蒸らされ、ふやけて飯と一体になるんです。だから旨い海苔弁食べたさに朝から弁当をこしらえるわけです」

おじさんは六五歳。新卒で入った会社を定年まで勤めあげ、老後は夫婦でのんびりと、と思っていたら、妻からまさかの三行半（みくだりはん）。いまはアパートにひとり、暮らしている。

「海苔弁は二段に限ります。一度ね、贅沢して三段重ねにしたことがあるんです。ダ

メですね、ありゃ。海苔が幅を利かせすぎて〝やりすぎ〟って感じ。あと、飯と海苔の間に甘塩っぱいカツオ節を挟んだりするのもあるでしょ。あれもいただけないね。海苔弁は、海苔と米だけ。潔くなくっちゃ」

もう、聞いているそばから唾液が出てきた。いま食べているふっくら身の厚いアジフライのおいしさも霞んでしまいそうだ（ふだんだったら、陶然となっているはずなのですが）。

「きみも醤油派なんだね」

アジフライのことだ。

揚げ物は、ビールのときはソース、日本酒のときは醤油で食べることが多い。

そう説明すると、おじさんは「ぼくは何でも醤油だな」といって、後ろを通ったエプロンねえさんに手を挙げ、「ぬる燗もうひとつね」と注文した。

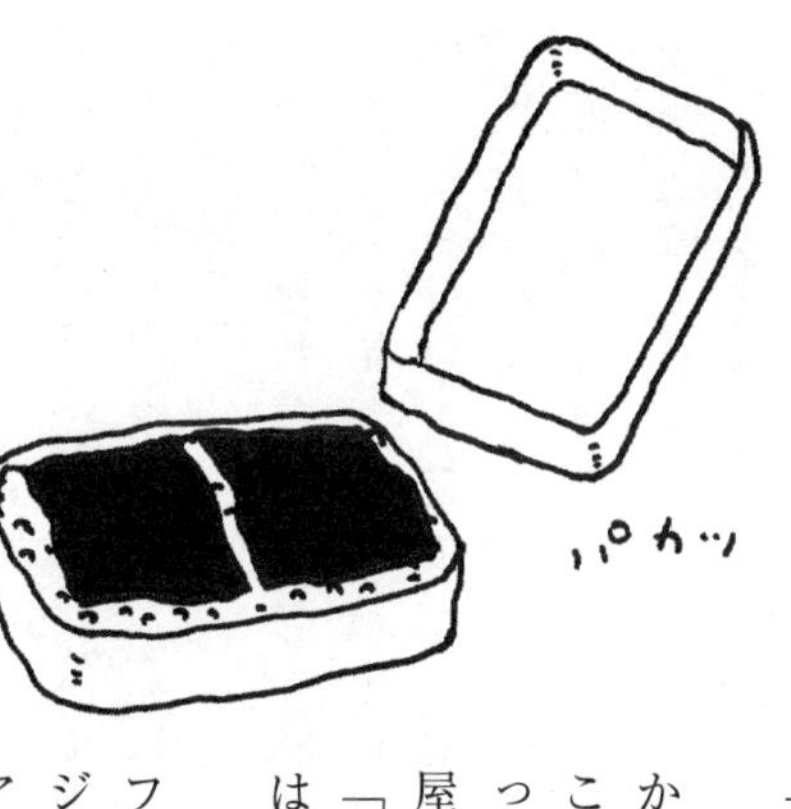

「あ、こちらも一本つけてください」

　わたしもすかさず頼む。タイミングを逃すと、なかなかねえさんたちはこちらを見てくれないのだ。

　ここの酒は、壁に飾られている灘の酒、上撰白鶴すっきり辛口。飲み飽きしないおだやかな旨味が三州屋の酒肴たちに合う。

「ソースは甘ったるくて飯のときはいいけど、酒には合わない」

　醤油派のおじさんは、わたしが箸でつまんだアジフライにちらりと目を向け、「旨いよね、ここのアジフライ。ぼくは青魚は苦手なんだけど、三州屋のアジフライだけは食えるんです。臭くないし、ふわふわ。きっと鮮度がいいんでしょうね」と続ける。

そのとおり。ふわっふわなのである。

もう少ししたらカキフライがはじまりますね。わたしがいうと、おじさんは牡蠣に目がないらしく、

「生牡蠣、焼牡蠣、酢牡蠣、牡蠣豆腐、牡蠣飯、牡蠣そば、牡蠣ちぢみ……冬は牡蠣を食べるのに忙しい。毎日でも飽きません。ここのカキフライなんて、ひと冬、一〇回、いやそれ以上食べていると思う」

嬉しそうに語る。

海苔弁おじさんは、酒を呑みながら旨いものを食べるのが至上の喜びのようだ。ふだんどこで呑んでいるのか聞いてみると、「最近よく通っているのは、押上（おしあげ）のまるい」と即答した。おお、ホルモンの名酒場。

「でも、ぼくの好きな店はみんななくなっちゃったなあ」

しみじみ猪口（ちょこ）の酒に口をつけた。

そして、黒いバッグからノートを取り出すと、ほら、と広げてみせてくれた。蛭子（えびす）能収（よしかず）のタッチにちょっと似たシュールなイラストで、料理や徳利、割烹着姿の大将や女将さん、暖簾などがスケッチされている。

「もう記憶がおぼろげなんだけど、まったく思い出せなくなったら寂しいなと思ってね。こうやって時折、曖昧な記憶をたぐり寄せて、記録しているんですよ」

荒木町にあった老夫婦が営む小料理屋。銀座の三原橋地下街にあった名画座「銀座シネパトス」と呑み屋。芝浦近くの橋のたもとにあったホルモン屋。高田馬場の、カレーとラーメンが旨いショットバー……。

おじさんの思い出話を聞いていたら、その店や人、風景を見たことがあるような気がしてきて、わたしまで懐かしい気持ちに包まれた。お母さんの海苔弁も、いまはなき酒場で過ごした時間も、きっとおじさんにとって大切な記憶なのだろう。

床が抜けるくらい膨大な本の山に埋もれて暮らしているというおじさんは、最近、少しずつ本を処分しはじめているといっていた。「役目を終えた本たち」という表現をして。留めておきたい記憶と、手放していくものたち。

そう、いちばん大切なものは、生きていくなかで巡り逢った「記憶」なのかもしれない。三州屋の翌日、仕込んでおいた海苔弁を家で食べながら、そんなことを思った。あのおじさんもいまごろ、本の山に囲まれて海苔弁をつついているだろうか。

お店のこと

大衆割烹三州屋 銀座店

銀座2丁目の細い路地のどん突きに「三州屋」の藍暖簾が掛かる。昼どきに訪れると、フライや焼き魚で白飯をかっこんでいる会社員に混ざって、ご隠居が静かにお銚子を傾けていたりする。壁の短冊品書きから、マストはぷりぷりの鶏と豆腐がたっぷり入った名物「鳥豆腐」480円とフライ各種700円〜。イカ、アジ、エビ、イワシの定番に、冬場（10月頃〜）は大粒カキフライが加わる。「鯛かぶと煮・酒蒸し」650円は立派なお頭がふたつでお値打ち！

●東京都中央区銀座2－3－4●電話：03（3564）2758

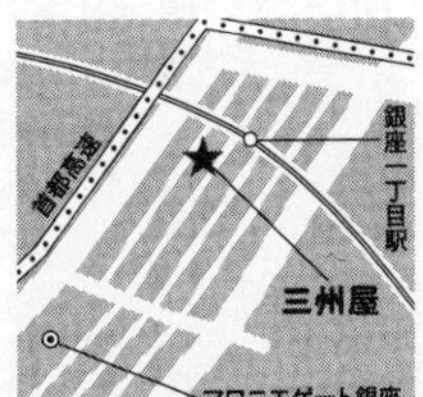

10

あちゃーなおじさん

豆腐煮とキンシ正宗
[第二力酒蔵・中野]

何が起きるかわからない。
でも乗り越えてみたい頂がそこにある。
山も、酒場も、異性も同じ。
いつも以上にがんばって
連れの歓心に打ち震えるおじさん。
いい夜なのは、きっとお相手も。
男と女は持ちつ持たれつ、
差しつ差されつなのだから。

地上から強い風が吹いてきた。濃霧に包まれていた山肌が姿を現す。峻烈な北アルプスの山々。天に向かいそそり立つ槍ヶ岳（やりがたけ）が黄金色に輝いている。

「この景色を見るためにオレたちは山を登るんだ」

夕陽を受けて無精髭が光るおじさんが、ため息まじりにいった。

帰路、中央線の車内で吊革につかまり、燕岳（つばくろだけ）から眺めた山々の神々しい姿を瞼（まぶた）の裏に浮かべていたわたしは、もうひとつの冒険の地、酒場をめざし中野駅に降り立った。

「第二力酒蔵」の暖簾をひとりでくぐるのは初めてだ。

「いらっしゃぁい」。店内中央に小舟のごとく設えられたL字カウンターの内側から、白い上っ張りのおねえさんが笑顔で迎えてくれる。小舟には、ご婦人ふたり組と、男女が二組乗り込んでいる。わたしも同乗させてもらおう。女性ふたりは酎ハイジョッキでおしゃべりに花を咲かせ、その隣の年嵩男女は友人同士だろうか、空気がさらりとしている。

もう一組は、おじさんと若い女性。会社の上司と部下といったところか。「おつかれさん」と生ビールのジョッキで乾杯している。涼しげな目元の美人を連れて、おじさんは嬉しそうだ。半袖の白いワイシャツ、黒縁眼鏡、温厚な目尻の皺。五〇代半ばくらいか。

瓶ビールからいこう。山帰りの気怠い体に、ほろ苦いキリンラガーが染みわたる。水曜の一九時。カウンター席、四人掛け、六人掛けのテーブルと広い店内が次々と埋まっていく。予約の名前を告げ、奥の座敷へ、あるいは二階へと消えていく大人数の客も何組か。みな仕事関係の飲み会のようだ。

今日は団体さんが多いですね。口角がきゅっと上がったねえさんにいうと、「この時間になると、おひとりでいらっしゃる方は少ないかもしれませんね」とのこと。うーん。筋肉痛に鞭打ち、冒険の続きを求めてやってきたが今宵のおじさん酒場は不発かな……。

ままよと、つきだしの春菊おひたしをつつき、ビールを流し込む。

「好きなもの頼みなよ」

左奥のカウンターに並んだ男女。真面目な公務員上司といった風貌のおじさんが連れの女性にメニューを渡している。襟ぐり広めの黒いカットソーに小ぶりのネックレスを合わせた彼女は、受け取った紙を一瞥すると、調理場前に張り出された手書きの品書きに視線を移し、

「〆さば、食べてもいいですか。白いかのお刺身もおいしそう。あと……稚鮎の天ぷら、でどうでしょう」

まるで最初から注文を決めていたかのようにすらすらといった。

「よし。じゃあそれをお願いしよう」

心なし、おじさんは安堵しているように見えた。なにしろ第二力酒蔵は、大衆酒場と謳ってはいるけれど、「当店名物鮑ステーキ」（三五〇〇円）を筆頭に、フグ刺し、伊勢海老、自家活毛かになど時価の逸品も各種そろう酒場である。調理場には刺身、焼方、煮方、揚げ方と持ち場を守る板前が七～八人はいるし、魚は社長が毎朝、築地に出向き選んでくると聞いたことがある。提供する品質にはかなりこだわっているのだ——そのなかで、彼女は贅沢品を選ばなかった。連れの懐具合を承知しているのね、エライ。

ひるがえってこちらはさらに庶民派だ。豆腐煮（四五〇円）、げそわさ（四五〇円）でスタート。豆腐煮は以前訪れたとき、値の張る品書きに戸惑っていたら隣のご隠居さんが勧めてくれた。「豆腐で酒二合。わたしの日課だね」と。醤油と砂糖のみで味つけした魚のあら煮汁に木綿豆腐一丁を入れ、サッと煮ただけのものだが、さまざまな魚の頭と骨から出た旨味が豆腐の芯までしっかり染み込み、濃いめの味つけが「力酒蔵」の名にふさわしい立派な酒肴。ゲソだってプリプリ、しっかりした味だ。

酒だ、酒。夏こそぬる燗。酷使した体には伏見の酒、キンシ正宗のやわらかな味わいがいい。小舟の中できびきび立ち回る微笑み達人に注文し、しばしボーッと店内を眺める。

相変わらずの活気。サーモンピンクのネクタイがトレードマークの店長が、笑顔で店全体に目を配っている。テーブル席では、ビールジョッキを握りしめ仕事の話に熱が入る男たち、大徳利を何本も並べた笑顔がはじける初老の四人組、キャップを斜めにかぶったヒップホップ系男子と赤いルージュの若いカップル、手酌でのんびり語らうベテラン夫婦。調理場前のカウンターでは、大きな皿に乗った鯛のお頭酒蒸しとおむすびで夕飯も兼ねているおじいさん、板前さん相手に両手を広げて釣り談義をしている釣りバカ日誌のハマちゃん風……旨い酒と旨い魚を求めてやってくる、年齢も関係もさまざまなひとたち。力酒蔵、盤石の絶景かな。

ここには、ひとびとの気取らない日常の営みと、老若男女が等しく楽しめる健全さがある。三〇代までは何が起きるかわからない高揚感こそ酒場の引力と思っていたけれど、着慣れたシャツのような肌馴染みもまた酒場ならではだと、最近感じるようになってきた。

白衣のねえさんが酒燗器から一本取りだし、手のひらで温度を確かめてから、

「はい、お酒」

真白な徳利には、第二力酒蔵の銘が入っている。粋だ。季節の味、水茄子もいただこう。お、我が故郷伊豆のタカベもあるではないか。脂が乗ってきたころか。ちょいと贅沢して焼いてもらおう。人生初めての本格的な登山から、無事に帰還した打ち上げだ。

「でも、白えびのほうが高いよね」

あとからやってきて隣に座った男性ふたり。年長のほうがねえさんに尋ねている。会話から、若いほうは大学生、アニキ風なのはわたしと同世代か。刺身盛り合わせと天ぷら盛り合わせをいっしょに並べ、「やっぱ、ここはこれよ」と豆腐煮もとり、サッカーと野球の話で盛り上がっている。

アニキのほうが聞いていたのは、川海老と白えびの値段のことだ。

「川海老は五五〇円、白えびは七〇〇円。白えびはいましか食べられないわよ」

「そんなにちがわないね。じゃあ白えび！」

そうこなくっちゃ。値段を気にしながら呑むのはこちらも同じ。気持ちはわかる。でも日本人だもの、旬を楽しみたいよね。

「わーっ」

おじさんご同伴の若い女性から歓声が上がる。見ると、桶に鎮座する伊勢海老サマ

がふたりのもとに届けられるところだった。いつの間に、そんなコーキューなものを！

「すご〜い。まだ生きてますよ、ほら」

大きな瞳を輝かせる彼女のテンションとは裏腹に、おじさんの顔は若干引きつっている。わたしは見逃さなかったゾ、「あちゃー」の顔。財布にいくら入ってたっけ……。そんな心の嘆きが聞こえてくるようだ。

しかし、そこは大人の男。やっちまった顔は一瞬で引っ込め、余裕の笑顔で「見るからに活きがいいね。どんどん食べなさい」と勧めている。

女性は酒もイケる口らしく、おじさ

おじさんの覚悟!!


んと同じペースで冷酒をツイーッ、ツイーッ。

「お、もうないじゃないか。次は何にする?」

「いいんですか。じゃあ、麒麟山(きりんざん)をいただきます」

キリッとひと言。迷いなし。酒がふたりのもとに届く。また、ツイーッ。

「伊勢海老、プリプリでおいしい。課長ももっと食べてください」(やはりそういう関係だったか)

「今年の夏はどこか行くの。去年、沖縄に行ってたよね」

「うーん、まだ決めてないんですけど、旦那さんの仕事しだいですかねー」(既婚か!)

最初は正面を向いて座っていたおじさん、酒が進むにつれ彼女のほうへどんどん体の向きが変わっていく。近い。「きみ、いい店知ってるんだねぇ」とゴキゲンだ。おじさんが連れてきたとばかり思っていたよ。

彼女が離席すると、こんどは微笑みの達人に声をかけた。

「おねえさん、オレと同じぐらいだよね。あの娘(コ)なんか子どもと対してちがわない歳なんだけど、いろんな店のこと知っててさ。いっしょに行きましょうって。うん、まあね、そりゃあつきあうよね」

謎がとけた。彼女はこういう昔ながらの居酒屋が好きなのだ。手元の品書きではなく、その時季の魚貝が並ぶ壁から注文を選ぶ所作は、たしかに慣れたものだった。店内を眺める表情には、「ようやく来られた」満足が艶やかな瞳に映っていた。同世代の友人や若い夫と並ぶより、おじさん相手のほうが様になる。そんな気持ちもあったのかもしれない。

二〇代だった自分が、この店のように由緒正しき酒場に憧れていたころ、やはりおじさんに連れてきてもらっていたことを思い出した。

課長と呼ばれていたおじさんは、若い彼女から「自分が店で浮かないため」に同伴者として選ばれていることに気づいてはいないだろう。たとえ知ったとしても、悪い気はしないはずだ。素敵なオシャレ男子といっしょに青山あたりを歩きたい女心と、渋い酒場に馴染むおじさんとカウンターで一献過ごしたい女心は、根は同じなのだから。

「課長、また中野で呑みましょうよ」。彼女からそう誘われたら、おじさんは今夜の〝やっちまった〟冷や汗などすっかり忘れ、ふたたびこのカウンターに来るのだろう。

「冒険とは、壮大な失敗作である」

これは、生物学者の福岡伸一の言葉。無謀だろうと、敗退が予見できようとも果敢に挑戦すること、それが冒険なのだと。その意味では、かわいい女の子の前で財布の紐が緩んでしまうおじさんは、酒場の冒険者といえよう。

―お店のこと―

第二力酒蔵

昭和37年創業。中野に不動の酒場あり。開店は午後2時。黙っていても1合徳利が置かれる常連が、「いつ来ても、同じ場所に、昔のままの店があるってのが大事なんだ」といっていた。注目は壁の品書き。黒地に白文字の札は定番ものだが、白紙に端正な文字で張り出されているのは季節もの。鱧、コチ、鮎、ふぐ、太刀魚、秋刀魚、牡蠣……その時季でしか味わえない鮮魚をぜひ。伊勢海老も時価で6000円～。おじさん頑張った!!●東京都中野区中野5－32－15●電話：03（3385）6471

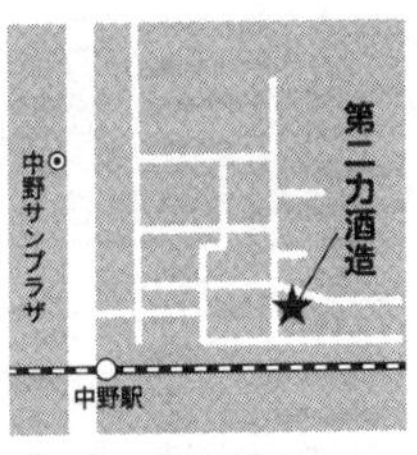

11

夫婦酒おじさん

牛にこみと焼酎ハイボール

[大はし・北千住]

耳をくすぐる「オイきた」の声。
いつもきびきびと立ち働く
親父さんと若旦那こそが最高の肴。
カウンターを彩るさまざまな情愛、
酒と男と女が紡ぐ物語もそこここに。
今宵、一服の清涼を運んでくれた
雰囲気のいい遠来の夫婦。
たっぷり注いだ梅シロップは愛の証。

男ともだちが結婚した。

選んで独り身でいるのだと思っていたから、抜け駆けされたような複雑な気持ちだったが、新妻といっしょにいる友人を見て、あれはわたしの思いちがいだったのだと納得した。探していた一片のピースがようやく見つかった。そんな顔を彼はしていた。

コの字カウンターの向かい側、ひとり呑みのおじさんたちに交じって中年男女が金宮ボトルを間にふたりだけの世界をつくっている。女が男にしなだれかかるように座り、時折見つめ合っては言葉にならない会話を交わす。明らかに夫婦ではない。見ていられなくなり、壁に整然と貼られた白短冊の品書きに視線を向けた。

かつおさし、たこぶつ、しゃこさし、まぐろぬた、さらしくじら、小柱おろし和え、ハマグリ酒蒸し、あら煮、自家製さつま揚げ、芽昆布おひたし、オムレツ、串カツ、自家製かにコロッケ……旬をとらえた魚貝から腹を満たす揚げ物まで、多彩な酒の肴が立派な筆づかいで並んでいる。

ここは北千住「大はし」。明治一〇年創業の、東京でも古参の大衆酒場だ。入梅の夕立が去り、明るい月が浮かぶ旧日光街道。女ともだちと店の引き戸を開けると、長いコの字カウンターにすき間なく客が埋まっていた。奥に広い店内を敏捷に動き回る白い上っ張りの若旦那がこちらに気づき、「オーイ」と両手を掲げ、〈いまは一杯だか

ら待って〉の合図。わたしたちも片手をあげて〈合点〉と入口に置かれた補助椅子に腰掛けた。

一六時半の口開けどきは、地元のご年配たちがめいめいの独酌時間を過ごしている光景が味わい深いが、一九時ともなると、ネクタイを締めた勤め人や、渋い酒場で背伸びがしたい若い衆が目立つ。酒場は時間帯によってちがう表情を見せるから面白い。

ほどなく入口すぐの席が空いた。今度は、同じ白衣姿で古木のような年輪をしわに刻んだ親父（おやじ）さんがニッコリ微笑み、「オ、ふたりね。ココ」とカウンターの上を片づけながら案内してくれる。

変わって矢のようなスピードでお通しを届けてくれたのは若旦那。親父さんは四代目で、若旦那はその息子。両肘（ひじ）を張ってせかせか動く姿も、割れそうな勢いで（もちろん割らずに）コップや皿を片づける様子も、注文に対する「オイきた」の返答も、親子でそっくり。ふたりの姿を眺めながら酒を呑むのが、大はしの醍醐味なのである。

以前、隣り合わせた開高健風のおじさんも「親父さんに会うために通っている」といっていた。勘定の際、親父さんが五玉算盤（そろばん）をシャッと弾いているのを嬉しそうに眺め、「オレは五〇年、こうやって勘定してもらってきた」と感慨深げだった。

「瓶ビールと煮込み、ください」

「ビールと煮込み、オイきた。豆腐は？」

「あ、入れてください。あとえっと、シャコも」

オーイ。我々のたどたどしい注文を、体は厨房に向けたまま片耳寄せて聞いていた若旦那。手の甲を見せてVサインをつくり、「煮込み二丁、シャコ～！」と高らかに声を張り、びゅーっと厨房へ去っていった。

大はしの煮込みは牛肉。「牛にこみ」と「肉とうふ」があって、「にこみ」のほうは肉だけ、そこに豆腐が入るのが「肉どうふ」だ。

わざわざ「豆腐は？」と聞いてくれたのは、女ふたり客に対する気配りだろう。まわりを見ていると、席に着くなり、酒と煮込みのセットが置かれる客がいる。あるひとには、焼酎のボトルと肉豆腐。あるひとには、日本酒の小瓶と牛煮込み。わたしには、何年通っても渡れない大橋だ。

「もっと古い店だと思っていたけど、意外と新しいんだね」

千住在住、ビール党の友人はこの日初めて大はしの暖簾をくぐったという。大きめグラスのキリンラガーを一気に飲み干し、興味津々に店内を見渡している。

「一〇年以上前に改装して新しくなったんだけど、その前は一〇〇年続く白漆喰壁の建物で、明治の洋風建築の意匠がハイカラな店内だったんだよ」

古い大衆酒場で呑む愉しみを覚えた三〇になったばかりのころ、一度だけ改装前の大はしを訪れたことがある。一時代を築いてきた雰囲気と、そこに集うおじさんたちの貫禄に圧倒されて、あのときはカウンターには座れなかった。

甘く煮つけられた牛肉はほろりと口でほどけ、肉汁をまとった豆腐はよく味がしみている。やっぱりこの煮込みには酎ハイだ。今宵はイケる口の友人がいる。ボトルでいこう。

「キンミヤ、一本ください」

「オイきた、キンミヤ」

キンミヤとは、三重の「宮﨑本店」の亀甲宮という甲類焼酎の通称で、それを梅風味のシロップと炭酸で割って呑むのが、ここ大はしはじめ、東京下町酒場の流儀だ。

ボトルといっしょに添えられたシロップと炭酸瓶で、さっそく焼酎ハイボールをつくる。

「そのオレンジ色の液体はなあに」

生ビールで煮込みをつついていた左隣のご婦人に声をかけられた。梅シロップを指さしている。五〇代後半かな。ウルフカットのショートヘア。サンドベージュ色のワンピースが艶っぽい。初めてらしく、隣の若い男子ふたり組に「おすすめは」と聞いていた。

その様子を微笑ましく見守りながら生ビールをおいしそうに呑んでいたお連れのおじさんが重ねていった。「それもお酒？」。ご婦人よりいくつか年上だろう。東北訛りがある。

「昔、焼酎の質が悪かった時代に、呑みやすくするために開発されたものだそうですよ。本当かどうかはわかりませんが、製造業者が自転車のみの配達で、遠くまで運べなかったから東側の東京でしか普及しなかったと、京成立石の酒場でおじさんに聞いたことがあります」

ご婦人は好奇心が旺盛なようで、「わたしたちもそれ、いただこう」と若旦那に手をあげて、我々と同じセットを頼んだ。うなずく姿がどことなく風吹ジュンだ。

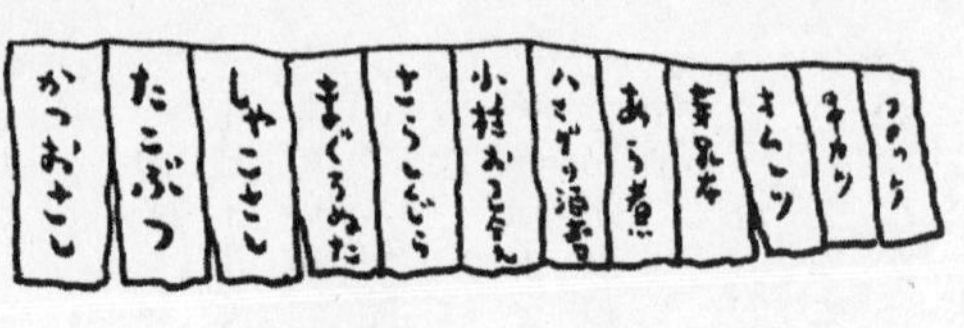

「こちらはよく来られるんですか？」

　東北訛りのおじさんは、細い銀縁のメガネに品があり、ポロシャツにスラックスとラフな格好。お連れの女性との間におだやかな情愛が流れているように感じられて、ご夫婦なのだろうと拝察した。

「大はし、大好きなんです。家が遠いのでたまにですけど、わざわざ遠征する価値があります」

「わたしらも遠いよ。仙台からだから」

　仙台⁉　甲高い声を出して

驚いたのは友人のほうだ。「彼女はここが地元なんですよ」というと、「あら。わたしたちも娘が北千住に住んでいて、孫の世話を頼まれてときおりこうやって仙台から出てくるの。いつもはわたしひとりなんだけど、今日はこのひとも仕事を任せて来てくれたの」

やっぱりご夫婦。向かいの中年カップルをちらと見ると、男が会計をしているところだった。まだまだ宵の口。あのふたり、これからどこへ向かうのかしら……。邪推が浮かびそうになるのを仙台おじさんがうまいことかき消してくれた。

「今日、じつは家内に内緒で昼から呑(や)ってましてね。浅草で寄席を観たあと、屋台みたいな呑み屋が並んでいる通りあるでしょ。あそこで初めてホッピーというのを呑みました」

家内が隣にいるのに、内緒もなにもないでしょうと笑ってしまったが、のんびりとした東北訛りが心地よい。

「ひとりでずるいわよね。悔しいからわたしもここに来る前、駅前の串カツ屋さんで一杯呑ってきたのよ」

ああ、「天七」ですか？　立ち飲みの。

「そうそう、有名なの？　知らなかった。みんなが頼んでいた鳥の揚げたのが大きくておいしかった。ここもたまたま見つけて入ったけど、仙台にはないタイプのお店よね」

天七と大はし。どちらも北千住の〝顔〟といえる酒場だ。大はしは東京三大煮込みの一店として挙げられているくらいで、数々の書き手がとりあげてきた。たまたま、とは鼻がきく。

「彼女は店選びの達人でね。ここじゃない店に入ろうとしたら、却下されちゃって。旅先ではもっぱら家内に連れ回されてるんです」

昼から呑んでいるおじさんの頬はほんのり赤い。愛妻家に間違いないことは、奥さまを見つめる包み込むようなまなざしからうかがえた。

「夫婦でお酒が好きっていいですね。うちの夫はほとんど呑まないので、こうして友だちにつきあってもらってます」と友人。

「いや、酒が強いのはこっちのほうで。自分なんか太刀打ちできません」

水を向けられた奥さまはまんざらでもなさそうな顔で、うふふと返事をするかわりに梅シロップを酎ハイにドバッと注いだ。

「え、入れすぎですよ。ちろっと注ぐぐらいがおいしいんです」

わたしが説明するのもかまわずに、いいのよ、いいのよ、とご主人のグラスにも梅をどぼどぼ。かくしておふたりの酎ハイは琥珀色に染まり、まるでウイスキー割りのようになった。

「おや珍しい、酔ったんでない？」

丸椅子からふいにひっくり返りそうになった妻を抱きとめて、ご主人がいう。

「いつもはいくら呑んでも酔わないひとでね。酒に呑まれず、ひとにも呑まれず。ただ唯一、雰囲気には弱いんだ。今日はこの店の雰囲気とあなたたちとの会話が楽しくて、酔っ払っちゃったんだな」

さあ帰ろう。仙台にいらっしゃる機会があったら連絡ください。仙台の酒場もいいですよ。ご案内しますから。グッドラック。

おじさんはそういい残して、妻を支えるようにして店を後にした。

ひとりで呑むおじさん。仲間と呑むおじさん。会社の同僚、部下と呑むおじさん。ワケありカップルで呑むおじさん……。いろんなおじさんを酒場で見てきたけれど、夫婦酒（めおとざけ）おじさんは、ほかのおじさんとは何かが決定的にちがっているようだった。その正体をわたしはうまく言葉にすることができない。ただ、欠けたピースを見つけた男ともだちに通ずる、「夫婦」というものの本質がそこにあるような気がしている。

お店のこと

大はし

「千住で２番」と掲げられた看板が目印。その心は、「１番はお客さん」。機敏に動き回る親父さんと息子さんの息の合った仕事ぶり。ここで呑む酒がいちばんとばかりに喜色でキンミヤ梅割りを啜るおじさんたち。名代「牛にこみ」「肉とうふ」ともに350円同様、店主と客も大はしの立派な味だ。瓶ビール大530円、キリン一番搾り生中480円、山形正宗380円、亀甲宮ボトル1300円。ぬた480円、串かつ480円など。

●東京都足立区千住３－46●電話：03（3881）6050

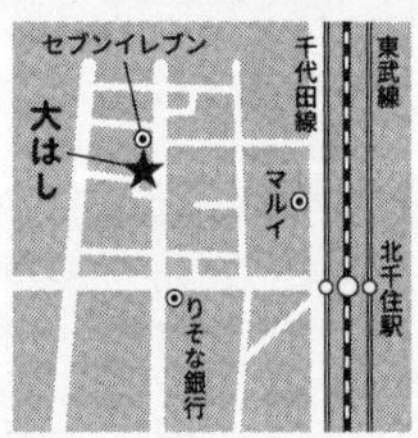

12

ニット帽なおじさん

貝盛りと菊正宗

[志婦や・浅草]

仲見世だけが浅草ではありません。
観音通りにその名を刻む
家族経営のしっぽり酒場へ。
袖擦りあうも多生の縁。
隣り合ったニット帽のおじさんと
得がたい時が流れていく。
白味噌ぬたで貝なんて、
江戸の粋、ここに極まれり。

年が改まった晴れやかさは、新年はじめの数日だけのものだ。

きっちりアイロンがけをした白シャツに袖を通し、浅草・浅草寺へ向かった。清々しい冬の冷気に包まれてお詣りを済ませると、観音通りの「志婦や」をめざす。

藍の暖簾に染め抜かれた「魚」「貝」「鳥」の文字。昭和三三年から家族で守りつづける、浅草になくてはならない宝のような酒場である。

店の前まで来ると、煙出しの窓越しに手ぬぐい鉢巻きの兄さんが焼きものに集中している姿が見えた。木枠の引き戸を開けると、四時半の開店からたいして経っていないのに満席だ。油断した。白髪の上品な女将さんに、

「おひとり？」

尋ねられ、うなずくと、かろうじてひとつ空いていたカウンター席に案内された。

ご繁盛ですね。腰を下ろして鉢巻きの兄さんに声をかけると、

「今日が初日なんですよ」

正月から好きな店の営業初日に来られるとはめでたい。

一点の曇りなく、ピカピカに磨き抜かれた厨房。もとは魚屋だったこちら。いつもなら、透き通るガラスのネタケースに、仕込みの丁寧さがひと目でわかる魚介や鶏肉などが大切そうに並べられているが、魚河岸がまだ開いていないのだろう。数は少な

い。でもいいのだ。なんでもあるより、限られているほうが、ひと品、ひと品、吟味する楽しみが増すというもの。

ラベルに「慶祝」と入ったキリンラガーに、つきだしの昆布巻き（お正月だなあ）でひと息つく。

いかにもおいしそうな佇まい

げそ焼、焼きはまぐり、さざえ（刺、焼）、たら子、なす焼き、ぬた、手羽先、厚揚げ、つくね、やきとり（もつ、肉）、いたわさ、丸干、鰺塩焼き、小鯛塩焼き、みそ豆……。頭上に整然と掲げられた品書きを右から左へじっくりと眺める。刺身類は手元の板紙だ。

「ぬた、お願いします」

「マグロとトリ貝、どちらにしますか？」

和えものを至高のアテとする酒呑みにとって、二種のぬたがあるとは僥倖このうえない。

「じゃあ、トリ貝で！」

ワカメ、ごくごく薄いキュウリ、白ねぎ、貝をまとめるぬたもとは、なんとも上品な白味噌風味。酢や辛子は控えめだ。さっさと瓶を空にして、菊正宗のぬる燗をお願いする。酒は、初代の息子さんが跡を継いでから、魚介を中心とした酒肴に寄り添う純米酒が各種そろうように。この日も、〆張鶴（しめはりつる）、酔右衛門（よえもん）、伯楽星（はくらくせい）、秋鹿（あきしか）、神亀（しんかめ）など充実していた。でも、一月の厳しい寒さもあって、冷えた体にはやはり燗酒がいい。

冬といえばのにこごりをお願いし、しばし店内を眺めやる。カウンター奥の小上がりは座敷に四卓据えられている。以前、座敷に案内していただいたとき、靴を脱いで膝を曲げると、まるで実家に帰ってきたかのような居心地のよさを感じた。地元の常連さんだろうか。新年会の晴れやかな雰囲気で盛り上がっている。

そういえば、区議会議員選挙が近い時期に訪れた際、候補者の人が挨拶まわりにやってきて、客ひとりひとりに「お願いします」と握手をする光景に出くわしたこともあった。

別の日には、キャスケット帽が粋な永井荷風に似た紳士に、「オレは五〇年、通っているよ。お嬢さんが生まれる前のことだ」と教えられ、八〇代になった自分が同じ酒場で呑んでいる風景を想像してみようとしたが、うまく浮かばなかった。

半世紀、通える店があること。それだけ長い年月ついてくれる常連がいること。店側にとってみれば、それがどんなに貴重なことか。移り変わりの激しい世の中でひとと店が築き上げてきた歴史の重みにため息が漏れた。

「よく来られるんですか？」

ひとり感慨にふけっていると、右隣から声をかけられた。

毛糸の帽子をかぶった、おばあちゃまかと思っていたひとり客は、白いものが混じる無精ひげのおじさんだった。

よく、でもないのですが、浅草に来たらかならず寄りたくなります。

「こういうところに女のひとがひとりで来るなんてすごいなあ」

ひとりのときもありますが、誰かといっしょのことが多いですよ。でも最近は、女性がひとりで呑みにいくのってそれほど珍しくないかもしれません。

「へぇ、時代は変わったものだな」。男より女のひとのほうが元気だもんな、とひとしきり感心していたおじさんは、この店に来たのは初めてだという。

意外だった。馴染み客の多くが貝の盛り合わせを頼む志婦やで、このおじさんも同じ肴でビールを呑んでいたからだ。店のカウンター席にもじっくり馴染んでいる。そう伝えると、「えへへ。貝が好きなんだよね」と笑顔になった。少年のような初々しさがのぞき、最初は七〇代かなと思っていたが、意外とお若いのかもしれない。

わたしも貝、好きです。お酒が進みますよね。

いいながら、女将さんに同じ貝の盛り合わせを一人前お願いした。

トリ貝、赤貝、ホッキ貝。

貝自体に塩気があるから、醤油はいらない。ワサビをちょんと乗せて口に入れると、凝縮した磯の香りがぷんと鼻に抜ける。菊正宗の銘が入った一合徳利はすぐ空になった。

おじさんは話し好きのようだ。貿易の仕事を長く続け、オーストラリアに六年住んでいた。一〇〇円ライターを初めてつくった会社なんですよ。生まれは横須賀。今日は墓参りに来た帰りで、よさそうな店をたまたま見つけたんです。定年退職して、いまは年金暮らしだという。

「正月から、なんだか嬉しいな」

華やいだ声でそういうと、

「一杯、注がせてください」

ニット帽をかぶったまま、追加した菊正宗を猪口(ちょこ)に注いでくれた。わたしも、では、とビールをグラスに注ぎ返す。自然と乾杯。

「あなたにとって、いい一年でありますように」

おじさんはそういってしわのある手で持ったグラスを猪口と合わせた。優しい微笑みとともに。

……そんなのアリですか。ほんの数十分、たまたま隣り合わせただけの相手ですよ。何年来の友人に向けるような親しみのこもった言葉をさらりといえるって。社交辞令には感じられなかった。いやらしさもない。

無邪気なロマンチスト。ニット帽のおじさんはそんなひとだった。

考えてみると、これらは酒場で出会うおじさんに共通するひとつの姿なのかもしれない。

組織や仕事や家庭から離れ、素の自分に戻ったおじさんたちは途端にイキイキとのびやかになり、よい顔で酒を呑んでいる。かつて〝おじさんの聖地〟であった大衆酒場に女性がやってきても、寛大に迎え入れてくれ、これを食べろ、あれを呑めと教えてくれる。そのうち、身の上話をしてくれるおじさんもいたりして。

彼らは陽気に呑んでいても、どこか感傷の気配がにじむ。なぜだろう。

背中をまるめて、お猪口に口をつけているニット帽のおじさんを隣に感じながら考えをめぐらせているうちに、いや、わたしだって端から見たら同じなのかもしれない、という気がしてきた。

男も女も関係ない。酒は、ひとの内にあるさみしさを連れてくるものだと思うから。

お店のこと

志婦や

昭和33年創業。初代から３代目の現在まで、ずっと渋谷さん一家で切り盛りするから「志婦や」。子どもたちが「ただいま～！」と学校から帰ってきたり、閉店時間近くなると片付けを手伝う姿に、目尻を下げるいぶし銀の常連客多し。メニューに値段はないが、どれもまっとうな酒場価格なのでご安心を。ビール大瓶690円、菊正宗550円、焼鳥１本220円、大豆の水煮に青海苔、醤油をたらりの名物、みそ豆もぜひ。●東京都台東区浅草１－１－６●電話：03（3841）5612

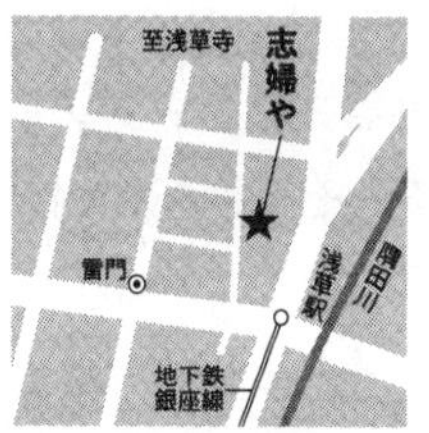

13

大阪タータンおじさん

関東煮とにごり酒

[イマナカ酒店・十三]

浪花に酒場は数あれど、
ここ十三はなかでも名うての
立ち呑みディープゾーン。
恐るおそる訪れた角打ちで
緊張をほどいてくれたのは
2本の缶ビールと歯抜けのおっちゃん。
マイペースなツッコミをアテに
"カントダキ"が進みます。

あずき色の阪急電車に乗っている。大阪に酒を呑みにきたのだ。

せやねん、かまへん、ほな、ちゃうやろ！……あぁ、なんて小気味いいんだろ、関西弁。

「十三（じゅうそう）、十三です」

痛快な関西弁に耳を傾けているうちに着いた。何度目かな、十三。

その昔、大阪在住イラストレーターの友人に案内してもらったのが最初。色香を放つネオン街に風俗店が連なり、湿った臭いのなかで、「いい娘（コ）いますよ」とささやく客引きや、路地の片隅でタバコを吸う立ちんぼのお姐（ねえ）さん……そのアンダーグランドな怪しい世界にゾクゾクした。西口を降りてすぐの脇に闇市のごとき小路があり、赤提灯やはためく暖簾が呑兵衛（のんべえ）を誘う。素晴らしい景色に色めき胸キュンしていると、垂れ下がる巨大な暖簾から、おっちゃんたちの足元がのぞく串カツ屋に案内された。

いまでこそ、東京でも串カツ屋はポピュラーだが、当時は珍しかった。ソースがなみなみ入ったステンレスのバットに、ご自由にどうぞのキャベツ盛り。友人は、カツ二本と瓶ビールを頼むと、あっという間に揚がった一本を手にとり、迷わずソースの海にどぼんと根元までつけた。そんなに？　驚いていると、皿の上でトントントンと余計なソースを落としてほおばった。

「二度づけお断り、ってあるやん」

指さした壁にはたしかにそう書いてある。

上品に串の先にちょこっとつけるだけでは、ふた口目からソースなしになってしまう。なるほど。大勢の人がこのソースの海を使うわけで、みんなが気持ちよく食べるための大阪人の知恵ってわけか。

「二度づけお断り」を初めて知った十三の夜であった。

今日はひとり。十三でひとり！　電車の扉が開いた瞬間、にわかに緊張が走る。関西弁が飛び交うコッテコテのおっちゃんたちが昼間から呑んでいる酒場に単身乗り込もうとしているのだ。

東口改札前のアーケード商店街を歩く。目的の店はすぐに見つかった。

「イマナカ酒店」。表にビールケースが積み上げられ、自転車がいくつも並んでいる。扉のかわりに薄いビニールシート。目を凝らすと、奥はかなり広いようだ。夕方四時前だったが、すでにおっちゃんたちの足が何本も入り乱れて見える。

「最初は入りにくいかもしれへんけど、ヤマダちゃんだったらいけるやろ」

十三ひとり呑み計画にふさわしい店を、と大阪の友が推薦してくれたのは、酒屋の一角で呑ませてくれる角打ち(かくう)であった。

入りにくいどころか、わたしは完全にビビっていた。東京の角打ちとはワケがちがう。関東のおじさんはシャイというかおしとやかというか、適度な距離をわきまえている感じがあるのだけれど、関西のおっちゃんたちは相手かまわずグイグイくる。鋭くツッコミを入れられたりボケられたりしても、笑いに疎(うと)いわたしはポカーンとして「どんくさっ!」と失笑されるのがオチだろう。

　はたして楽しめるのだろうか。いや、その前に「あんたみたいなんが来るところやない」と一蹴されはしないだろうか。一度ビビるとなかなか足が進まない。でも、十三ひとり酒をクリアしてオトナの階段を上がりたい。そのためだけに新幹線に乗ってやってきたのだ。ぐすぐずせんと、さっさと突入しーや、ジブン！

えいやっとビニールをくぐった。昭和の任俠映画に出てきそうな強面のおっちゃんや、年金暮らしであろうおじいちゃんたちが憩いの酒を呑んでいる。手前の冷蔵庫をササッと物色し、黒ラベルの缶を摑むと、奥に足を踏み入れた。角打ちはたいていセルフで好きな飲み物を選び、そのたびに代金を支払うシステムである。

「いらっしゃい」

わたしに気づいた店のお兄さんがグラスを渡してくれる。かつては倉庫として使われていたのかもしれない。天井が高くがらんと広いスペースには、立ち呑み用の簡易テーブルが五、六個ランダムに置かれていて、先客で三つが埋まっていた。その傍らには、「本日のオススメ」的な冷蔵ケースと長いカウンター。こちらのほうが人気のようだ。すでにオールおっちゃんで埋まっている。カウンターの内側では、男性店員ふたりが酒を注いだり、つまみを小皿によそったりしている。壁には焼酎や日本酒の一升瓶が棚にずらりと並び、缶詰や乾き物のケースも種類が豊富。その下は天ぷらコーナー。冷蔵ケースには煮物や酢の物などの手づくり総菜に加え、刺身もある。

「ねえちゃん、山登ってきたんか？」

三〇リットルのザックを背負ったまま、缶ビールとグラスを手に店内を観察していたら、テーブルでひとり呑んでいたおっちゃんに声をかけられた。少し斜めにかぶった工務店の名前入りキャップに薄いグレーのジャンパー。鼻水がちろりと光っている。「あ、仕事の荷物なんです」。会釈をして、そのおっちゃんとは離れたテーブルにビールとグラスを置いた（まだビビっているのです）。

緊張をほぐそう。グラスにビールを勢いよく注ぎ、つまみも頼まず一本をぐびぐびと飲み干した。もう一本黒ラベルをとり、半分ぐらい呑んだあたりで酔いがきた。同時に、なんか食べたい！　急に胃袋が暴れ出した。

関東煮ってなんだろう。雑然と貼られた壁のメニューが気になる。たまご、ごぼ天、こんにゃく、じゃがいも、だいこん、しゅうまい……。あ、おでんのことね。

「しゅうまいと……、ねぎまってなんですか？」。聞いてみる。

「ねぎま、ゆうたらマグロとねぎやんか」

すかさずツッコんできたのは、まわりの客に「○○はん、久しぶりとちゃいます？」「なんやもう帰るん？」と声をかけまくっていた賑やかなおっちゃんだ。頭は真っ白だが、ずいぶんと若づくりな青いタータンチェックのシャツ。くすんだ色のおっちゃんばかりのなかで、ひときわ目立っている。

「関西じゃカントウニっていうんですね。おでんのこと」

「カントウニやないで。カントダキや。あんた、どっから来た？　そない大きな荷物もって」

わたしとザックとを交互に見ているおじさんは、歯がところどころ、ない。

東京方面から仕事で来たこと、大阪のなかでも十三が好きで、何度か呑みにきたことがあること、ここは近くに住んでいる友人から勧められてやってきたこと、などをかいつまんで話した。

「うへ～、東京からわざわざ来はったん？　十三が好きなんやて？　けったいなねえちゃんやな」

大げさに驚いて、まわりのおっちゃんたちに、「東京から来てんて。こんなとこが好っきゃねんて。おかしないか～」と触れまわっている。恥ずかしくなって、目についたにごり酒を頼むと、間髪いれずにタータンおっちゃんにツッコまれた。

「にごり酒なんか呑むんか、酒強いんやなあ。東京のねえちゃんはみんなそんなんなんかいな」

そして、「おごったるさかい、もう一杯呑みいや」と、わたしのテーブルに移動してきた。

うへ～～っ、グイグイくるわ大阪のおっちゃん。

こちらの狼狽をよそに、ぐっと顔を寄せてきて「ところで自分、警察官とちゃうか?」。唐突に聞いてくる。

え? 歯のないおっちゃんをまじまじ見ると、神妙な顔つきだ。

「自分、写真撮ったりして、なんやきょろきょろしとるし。ワシのことも職質みたいに聞いてくるやんか。ワシ、ほんまにやってないで」

「警察官じゃないですよ! ライターです。文章を書く」

「なんや、ねえちゃん作家なんか」

そんな立派なものじゃないですけどね。よほどワケありなのだろう。あまりにも警察と決めつけるので、名刺を渡した。それでも「やっぱりワシを調べにきたんやろ!」「手錠とか入っとるんやなかろうな?」などと、思い出したようにわたしを覆面婦人警官呼ばわりする。

手錠って! ここは笑うところか、ツッコむところかと思ったが、おっちゃんはいたって真顔だ。恐るべき思い込み力。

でも、臆して帰ろうとする気配もない。

「ワシ、モテんねん。ほんまやで。ほれ、これ女からのＬＩＮＥや」

ハートやチューのスタンプだらけの携帯の画面を見せてくれた。ちょうどそのとき、電話がかかってきた。「あとで行くよってに。え、めし？　ええで。なに食べたい？」と鼻の下をのばして話している。たぶんお店の女の子なのだろう。

これでおっちゃんから解放される、とホッとしたのも束の間。電話を切るなり、「近くにこんなとこよりエエ店あんねん。いまから行こや」

と耳打ちしてきた。

警察に追われているといっているようなアヤシイおっちゃんについていったらアカン。内なる危険信号が点滅した。これから東京に戻らないといけないので残念です、と丁重にお断りすると、「さよか。ほなな」と意外とあっさり帰りかけ、思い出したように戻ってきて、いった。

「ここの茶碗蒸し、旨いねん。隠れ人気メニューやで」

おっちゃんが出ていったあと、店のお兄さんがプラスチックのカップに入った茶碗蒸しを持ってきてくれた。あのおっちゃんからのおごりだという。

レンジで温められたできあいの茶碗蒸しは、銀杏と鶏肉がちゃんと入った出汁たっぷりのプルプル食感で、十分おいしかった。

先日、見知らぬ番号から着信があった。出ると十三のおっちゃんで、警察沙汰が片付いた、疑って悪かったという。名前を新聞で見たで、あれはあんたかと聞かれた。

そうだと答えると、ほんまに作家やったんやな、と感心している。酒場をめぐる記事を書いていると話したのを覚えていたのか。

作家じゃない、といくら説明しても理解されなかったので、もう訂正するのはやめた。

次に十三へ行ったときはおっちゃんの「エエ店」に連れていってもらおうか。そのときまでに、ツッコまれたら面白いボケのひとつやふたつ返せる自分になっていたい。

お店のこと

イマナカ酒店

十三の労働者たちを３代にわたって支えてきた角打ち。相撲中継がはじまる時分ともなれば、おっちゃんたちがずらり。女ひとりは怯むが、入ってしまえばパラダイス。おっちゃんたちがおおらかに迎え入れてくれる。瓶ビール大420円、清酒220円、ワイン300円、冷蔵庫の缶ビールや缶酎ハイは小売価格。「今月の地酒」も豊富。関東煮は100円～150円。冷蔵ケースの総菜も、やさしい手づくりの味わい。●大阪府大阪市淀川区十三東２－６－11●電話：06（6301）3361

14

再出発なおじさん

とんちゃんとホッピー

[牛太郎・武蔵小山]

昭和コの字カウンターを

令和の世に留める牛太郎。

開店前から呑みはじめる常連たち。

今夜の主役はご主人ジョーさん。

一度は店をたたもうとした

おじさんも気分一新、まだまだ現役。

古酒場の文化を味わいたければ牛太郎、

ここで呑める幸せよ、いつまでも！

平日の午後二時前。暖簾はまだ上がっていない。

白髪の老人が当然の面持ちで店内に入り、カウンター席に腰を下ろした。片側が寸足らずの変形コの字カウンターには、すでに酒を呑んでいるひとり客が何人もいる。ゆったりと広めの厨房では、白い上っ張りに調えられた白髪、すらりと長身の店主ジョーさんが常連たちに酒を出しながら、ねぎを刻んだり、串に肉を打ったり、仕込みの手を休めない。

老人は、注文をせずに黙っている。茶色の皮の鞄からイヤホンと小型のラジオのようなものを取り出すと、チューニングを合わせ何かを聴きはじめた。

ジョーさんは老人に目礼すると、アサヒビールのロゴ入りのコップに焼酎をなみなみ注ぎ、ロンググラスに移し替えると、ホッピーの瓶といっしょに彼の手元に置いた。氷は入っていない。

老人はホッピーを静かに注ぎ切り、ひと呼吸。それから、喉を湿らすように口をつけた。黙って空を見つめるその先には、歳月の流れが染みついた高い天井に裸電球の暖かい光。ところどころはげ落ちた塗り壁に、伏見の酒「招徳」の文字がかろうじて読み取れるあめ色の看板。グラスを置いたテーブルは、積年の客たちの肘で角が消えるほどすり減り、手沢で艶やかだ。日々、丁寧に磨かれてきた清潔さは、客を安心さ

見ていると、なんだか安心するジョーさん。
お客さんも、安心して楽しんでいる感じがした。

せる。

「お待たせしました、何にしましょう」

ジョーさんが声をかけてくれるまで、思い思いの酒を呑んで待つ。それが、牛太郎びいきの客の過ごし方だ。

一四時半、暖簾がかかった。紺地に白抜きで「牛太郎」の相撲字。二〇人以上は座れるカウンター席があっという間に埋まった。

包容力のある酒場。開店前から呑むことを許してくれるのだ。客の側も、また温かい。初めての客が、席に着くなり勢いこんで注文をしようとしたとき、

「ちょっと待ってな。ちゃんと注文をとりにきてくれるから」

とお隣がやさしく諭していた。

わたしもあるとき、注文のタイミングが摑めず、ホッピーの追加がお願いできないでいると、

「グラスを上に上げておくといいよ。おかわりの合図だから」

そう教えてもらったことがある。

客に寛容な店では、客同士の間にも余裕や配慮が生まれるのかもしれない。待っている人が増えてくると、誰ともなく「ごちそうさん」といって腰を上げる客が出てくるし、帰りしな、ほとんどの客が、自分が飲み食いしたグラスや瓶、皿を上に片付けてテーブルをさっと拭いてゆく。ここの客にとっては当たり前なのかもしれないが、そんなやりとりがごく自然になされている酒場は貴重であろう。

氷なしでホッピーを呑んでいる老人の前に、キュウリのお新香に刻んだ生姜が乗っかっている皿が置かれた。相当、年季の入ったご常連にちがいない。酒もアテも、注文せずに出てくるのだから。

同行のるみ画伯と目配せし、ふたりで感心していたら、ジョーさんに、

「何にしますか?」と声をかけられた。

わたしたちも暖簾がかかる前から、先輩諸氏に混ぜてもらってホッピーを呑んでい

たのだ。

「煮込みととんちゃん、お願いします」

初めてだという彼女に、まずは食べていただきたい牛太郎のゴールデンコンビをお願いした。

「煮込みととんちゃんね」。ジョーさんは右耳に挟んだ鉛筆を取ると、伝票に書きつけて半分に折り、風で飛ばされないように小さな木製クリップで留め、わたしたちの席の上に置いた。そして、正面カウンターの前にある大鍋をひと混ぜし、手早く小鉢によそう。

「はい、煮込み」

プンと味噌の香り。一三〇円の煮込みを、二皿に分けてくれている。しかも、刻んだ白ねぎは別皿だ。お好みでご自由にどうぞ、ということなのだろう。ささやかだが、こだわり屋の多い酒呑みにはニクイ配慮だ。やわらかく煮込まれたさまざまな部位をつつく。すべての具が渾然一体となったまろやかな味わいは、ジョーさんの穏やかさを物語っているような気がした。

「とんちゃんて、なんですかね」

「ね、思うよね。初代のジョーさんのお父さんが、九州の炭鉱労働者だった客から教えてもらった味をヒントにしたそうだよ」

以前、ジョーさんに教えてもらった話をるみ氏に受け売りしていると、「はい、とんちゃん」と実物がやってきた。

ガツとハツの脂身の蒸し焼きに、ニンニク、生姜、ニラを刻んだゴマ入りの醤油ダレをかけたもの。「おいしい」と目をみはる同行者に、わたしも嬉しくなった。

牛太郎は昭和二八年、ジョーさんの父上が浅草ではじめた店だ。三〇年に武蔵小山に移り、看板に記されているとおり、「働く人の酒場」として、汗を流す労働者たちに重宝されてきた。酒で一日の疲れを癒やし、安くて旨いもつで明日の英気を養ったのだろう。

「昔は四〇～五〇人入れる店で、従業員も八人ぐらいいたんですよ。みんな二階で寝泊まりしていた。ええ、この店の上で。わたしは子どものころから、親父やおふくろが働く姿を見ていて、自分はこういう商売はやるまいと思っていました。大変な仕事ですからね、長時間立ちっぱなしだし。でも、親父が体を壊し、おふくろひとりで店をやらなければいけなくなったとき、自分も店に立とう、いずれ牛太郎を引き継ごうと決めました」

最後の客が名残惜しそうに残りの酒を呑んでいる時間。いつだったか、暖簾をおろし、夜風に吹かれてひと息ついていたジョーさんが、客席後ろの待ち椅子に腰掛け、昔話をしてくれた。

「おいくつのとき、店に立ったんですか」

ジョーさんは耳に挟んだ鉛筆もそのままにこういった。

「わたしが〝いらっしゃいませ〟の心でお客さまをお迎えできるようになったのは最近です。……本当をいえば、そろそろ店を閉めようと考えていたんですよ」

え。何歳から店を手伝っていたかはどうでもよくなった。こんなに客に愛され、行列ができるほどの繁盛酒場なのに。聞けば、焼き場を務めていた若手が辞めたことが直接のきっかけだったという。

ジョーさんは悩み抜いた末、引退をほぼ決めていた。

「でも、もう少し頑張ってみようかと思いまして」

いつも柔和な表情のジョーさんが、はにかみながら心中を打ち明けてくれた。

「タカハシさんに背中を押されたんですよ」

〝タカハシさん〟とは、わたしの若い呑み友だちで、ひとりで牛太郎の暖簾をくぐる強者だ。

「二〇～三〇代の女性で、古い居酒屋に通っているようなお友だち、いませんか?」

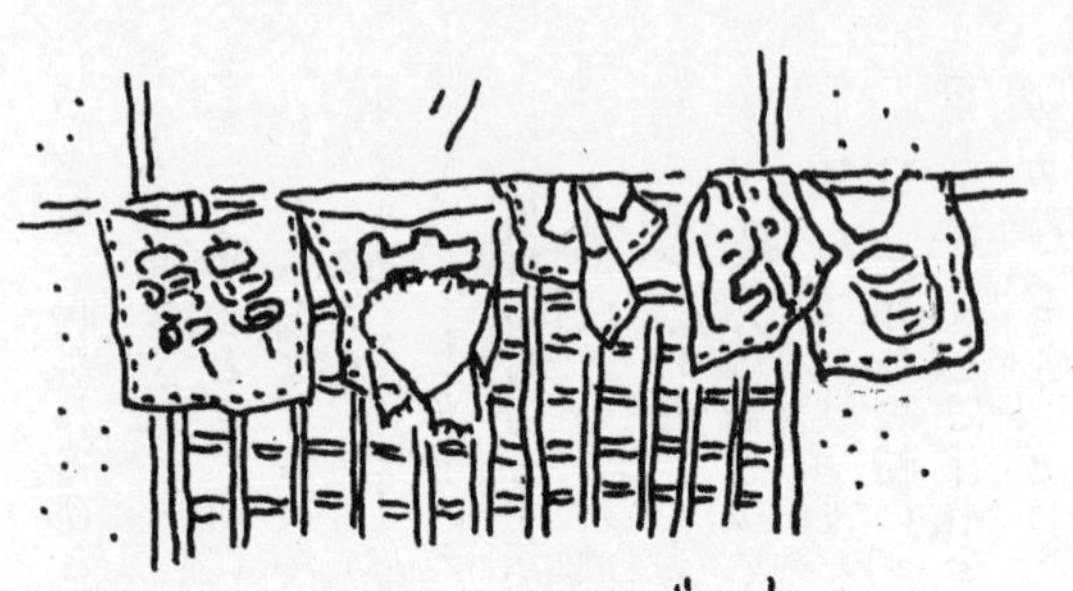

入口。のれんがボロボロ！
よく見ると、お客さんが一番よく通る「牛」部分が
とくにボロボロ。人の出入が激しいからこその
名誉のボロボロ。

ある番組から相談を受けたとき、まっ先に彼女のことを思い出した。紹介すると、すぐ話はまとまり、彼女のいきつけの牛太郎で番組の撮影をすることになった。

「もう店を閉めるつもりだから、テレビで紹介されてもなくなってしまいますよ。そう申し上げたんですが、わたしは牛太郎が大好きなので、どうしてもここで撮らせてください、熱心にそうお願いされたんです。胸打たれました。そこまでこの店を想ってくれるお客さんがいるのに、やめていいのか。若い店主のようにはいかないけれど、連れとふたり、自分の世代に合った、のんびりゆったり酒場でいいじゃないか。そう思えるようになった毎日、決まった時間にやってくる四〇年来の客。牛太郎に通うために、通勤の定期を余分に買っているというサラリーマン。初めての客に親切に指南してくれる常連た
ち……。みな、ここで出会った〝牛太郎でないと〟なひとたちだ。彼らの存在も、ジ
ョーさんの後押しになったにちがいない。

ときに、混雑で客への対応が遅れがちになり、怒って帰ってしまうひともいる。

ジョーさんは、せっかく来ていただいたのに申し訳ない、もっとお客さまが心地よ
く過ごせるようにできないものかと腐心するが、自分たちがやれることのキャパシテ
ィと、こうありたいという理想と、そのギャップに悩む。「続ける」と決めたが、現
実はなかなか思うようにはいかないのである。

でも、とジョーさんは背筋を伸ばす。最近増えた女性客への配慮から、トイレを新
しくしたのだという。

きれいになりましたね。そう伝えると、ジョーさんは晴れ晴れといった。

「まだまだ店は続けますよ」

お店のこと

牛太郎

都心でありながら、下町感ただよう武蔵小山駅から徒歩数分。「働く人の酒場　牛太郎」の看板あり。注文は店主のジョーさんが声をかけてくれるので、焦らずに少々お待ちを。煮込130円、とんちゃん130円、モツ焼き各種110円、ホッピー400円、ビール大520円。どんなに呑んで食べても漱石さん２枚に至らず。初めて来た20代の女の子が「衝撃価格！」と驚いていたように、お勘定を済ませると、いつもなんだか申し訳ない気持ちに。●東京都品川区小山４－３－13●電話：03（3781）2532

15

センセイなおじさん

きつねラクレットと純米燗酒

[シンスケ・湯島]

凜とした空気に響く
徳利から盃へ酒を注ぐ音。
ビールの栓を勢いよく抜く音。
耳に届く滋味深い会話。
居酒屋の達人が愛する名店で味わう
背筋が伸びるような愉悦。
ときにはちょっと背伸びして、
こんな宵の口もいいじゃない。

いい酒場には、いい音が響いている。

活気に満ちた酒場のさんざめきのなかで友人たちと呑む生ビールは最高だ。でも、歳を重ね、賑やかなばかりが酒の愉しみではないと思うようになった。酒を注ぐ音、徳利を置く音、客と店のひとの抑制のきいたやりとり……。落ち着いた静けさのなかで味わう酒は、大人にだけ許されたささやかな贅沢ではないだろうか。

シュポッ！

瓶ビールの栓を抜く爽快な音がピンと空気の張り詰めた店内に響いた。何度聞いても天下一品、惚れ惚れする。まるで、能の舞台にひとつ打ち鳴らされる小鼓のようだ。軽快な余韻に「さあ呑むぞ」と喉が鳴る。

湯島駅からほど近い、大正一四年創業の「シンスケ」。全国の居酒屋を訪ね歩き、その場に流れる空気やひとの魅力を温かな観察眼で精緻にとらえ、装飾を削ぎ落とした文章で綴る太田（おおた）和彦（かずひこ）さん。彼をして、「生涯最後の居酒屋一軒、と言われたら私はここの暖簾をくぐるだろう」といわしめる名酒場だ。

わたしは太田さんの愛読者である。さらに打ち明けると、酒場のあれこれを自分で書くようになってからは、作家太田和彦は我が心の師匠となった。

そしていま、師匠が惚れ抜く「シンスケ」に座っている。大きな白木一枚板のカウンター。「大人が座る場所」と評されるとおり、それなりの人生経験と分別を身につけ、礼と粋を心得たひとがその魅力を味わえる店だと思う。果たして自分がその域に達しているかどうかは怪しいが、心地よい緊張感に背筋を伸ばし、つきだしの茄子とつくねの煮浸しをつまみながらヱビスビールを呑んでいる。秋の長雨のせいか、あるいは口開け一七時を回ったばかりとまだ早いせいか、珍しく客はまばらだ。

シュポッ！

がっしりした体躯の四代目が栓を抜く音がいっそう高らかに聞こえる。

「どうやったらあんな音が出るのかなぁ」

頬杖をついてうっとりとした表情なのは、相棒のるみ画伯。

「彼は音出しに命をかけているんです」

隣の渋いおじさんが教えてくれる。白いものが混ざった無精髭に枯れた色気がただよう。着古した黒い開襟シャツに黒い綿パンを無造作にロールアップし、くるぶしがのぞいている。外は雨だというのにビルケンシュトックのサンダルだ。わたしの視線に気づいたおじさんは「(雨にサンダルは）失敗したな」と照れたような目になった。

はっ、太田和彦さんご本人ではありませぬか。奇遇に喜ぶと、大学教授時代の教え子の女性と、久しぶりの酒席なのだという。

「太田さんがビールを注ぐところが見たいです！」

大先生を前に物怖じゼロのるみ氏に、「じゃあ、グラスを置いて」と応えてくれた。テーブルに置いたグラスに、高い位置から泡を立てながら勢いよくビールを注ぐ。口まで満ちた泡がグラスの半分ぐらいまでに落ち着くのを待ち、グラスの縁から泡を崩さないように静かに注ぎ、泡がふっくらと盛り上がったら完成。

「すごい。技ですね」

「ぼくが注ぐビールはおいしいですよ、な？」

「太田ゼミでまず教わったのは、このビールの注ぎ方でしたね」

卒業後はグラフィックデザイナーとして活躍する聡明美人が微笑む。一〇年以上昔の先生と生徒がシンスケのカウンターで酒を酌み交わしている。なんと豊かな間柄なのだろう。「垢(あか)ぬけない田舎の女の子が色っぽくなったもんだ」。隣の女性に向けるまなざしは、学芸を教え授けてきたひとの、それだった。

「さてと」

あご髭を撫ぜながら、カウンター前に一列に張られた品書きの短冊を吟味する。

「お、もう秋刀魚が出てるね。いちじくの揚げ出しかあ、旨そうだ」

ひと通り眺めやったあと、「ぼくはこのあと酒にするから、刺身の盛り合わせをまずもらって、ゆっくり考えよう」

ビールで喉を湿らせてから日本酒への流れ。肴は季節の刺身をつまみながら、注文の組み立てを考える。二番目、三番目、四番目、余裕があったらあれも、と。それが太田流の居酒屋作法その一、というところか。

大間の鮪、明石の蛸、白イカ、秋刀魚酢〆。本日の盛り合わせだ。魚はすべて天然の上物だけを扱うというとおり、どれもピンと角が立った切口で、鮪は濁りのない赤、イカは雪のごとく真白、秋刀魚はピカピカに輝いている。見た目も味も格別だ。

「お酒もらおう。本醸を常温で」「はい。本醸造の常温です」

四代目がカウンター前の棚にずらり並ぶ名入りの白徳利から一本とり、すっと太田さんの前に置いた。酒はシンスケ特注秋田の両関のみと聞いていたが、あの徳利の列には一合の酒がそれぞれすでに満たされ、注文を待っているとは知らなかった。

居酒屋の達人は、呑むのも食べるのもテンポがよい。ペースについていけないわたしたちをよそに、「ここの名物だよ」と、きつねラクレットとねぎぬた、いわし岩石揚を追加している。またたく間に一合を空にし、「次は純米にしよう。純米を燗で」と細くねじった手ぬぐい鉢巻きに、縞柄の絣半被（かすりはつぴ）が決まる三代目ご主人に声をかけた。

「居酒屋ではひとのことなんか考えない。自分が好きなものを好きなペースでやるに尽きる」。太田流居酒屋作法その二、かしら。

「ゼミの飲み会でも、各自で、でしたものね」

「そうそう。でも当然こっちが払うでしょ。貧乏教師だったからそこは工夫したね。酒は持ち込みにさせてもらって、最初に焼きそばとか腹にたまるものを食べさせてから呑ませると、あまりカネがかからずに済むと途中で気づいて。ハハハ」

ご主人がお燗器に浸かる徳利を取り上げ、掌で温度を確認し、布巾で拭って「ほい、純米の燗」。一本、一本、手を抜かず頃合いに気を配り客のもとへ届けるその仕事ぶりには、何十年とお燗番を務めてきた歴史の重みと信頼が宿る。

「しんとり菜って、どういうの？」「江戸の伝統野菜のひとつで……」

酒が進み、緊張もほぐれ、ようやくわたしの好きな酒場の〝音〟が耳に届きだした。店と客の軽妙なやりとり、和やかな笑い声。

ラクレットチーズを挟んで香ばしく焼いた油揚げにねぎを散らしたきつねラクレット。ぬる燗がよく合う。いわしの岩石揚げは、いわしをざっくり叩き、大葉、生姜、ねぎなどの薬味と味噌で味をまとめ、からりと揚げた野趣あふれたひと品。ねぎぬたも、ねぎだけでどうしてこんなに深みのある味わいになるのだろうと感心する酒肴だ。

太田さんは資生堂に入社して数年のころ、先輩に連れられ初めてシンスケに入った。

リクエストに答えて、
ビールを注いでくれた太田さん。
こんなに真剣にビール注ぎを
見つめたのは初めてです。
わたしもちょっとだけ太田ゼミ生
気分を味わいました。

装飾を省いた江戸前の店内では、大人の風格をたたえた常連が静かに呑んでいた。「若造の来るところじゃない」。二〇代の太田青年はそう察したそうだ。

「でも、敬遠してばかりじゃ大人になれない。こっちが店に追いつくように、ときどき訪れて末席の目立たないところに座っていた。おとなしくきれいに呑むことを心がけ、四、五回通えば、店の主人も覚えてくれる。カウンターに座れるようになるのはずいぶん後だね」

いまや日本一居酒屋を知るといってもいい太田さんにも、当然ながら若かりし時代があったのだ。比較するにはおよばないが、自分も二〇代のとき背伸びしてシンスケに来たことがあった。しかし、あまりにも分不相応で早々に席を立った。

「でも、この店に馴染めるような年齢を待ち遠しく思うのは大きな楽しみじゃない？ここは、と決めた店に一〇年、一五年と通ううちに常連として迎えられるようになったら大人の仲間入り。そして、その居酒屋が一生つきあえる店となったら、そのひとの人生は豊かになるよね」

含蓄ある言葉だなあ。太田流居酒屋作法その三。いやちがう。居酒屋で学ぶ人生訓かな。なんだか太田ゼミの生徒になったような気分だ。

「太田さん、今週末、『触れ太鼓』がうちに入りますよ」

ひと段落した四代目が教えてくれる。

「もう秋場所か。一度聴きたいんだよ、あの太鼓」

「七時一五分に入ってきますので、七時ぐらいまでにお見えいただければ」

大相撲の東京本場所のときは湯島町内会で呼んだ触れ太鼓がシンスケにも入り、客前で初日の取り組みを読み上げるそうだ。太鼓を叩きながら、「かくりゅう（鶴竜）には〜、いちの〜じょう〜（逸ノ城）」などと呼び出しが声を張る。


江戸の伝統を守る生粋の東京がここにはある。来年一月の初場所前日は、必ずやシンスケに参ろう。さぞかし風情のある音が鳴り響くにちがいない。

お店のこと

正一合の店 シンスケ

大正14年創業「正一合の店　シンスケ」は、東京を代表する由緒正しき居酒屋。「正一合」とは、酒を正しく１合きちんと量って提供している、との意。２階もあるが、東京らしい粋を存分に味わうには、やはり１階カウンター席がよい。ビール中瓶715円、日本酒は両関のみ。本醸造660円（１合）～。刺身盛り合わせ１人前990円、ねぎぬた825円、きつねラクレット1100円、いわし岩石揚1100円など、どれも洗練された居酒屋の味。●東京都文京区湯島３－31－５●電話：03（3832）0469

16

ウルウルなおじさん

〆鯖と刈穂
[やくみや・荒木町]

女姓ふたりがはじめた小粋な酒場。
そこで出会った大柄なおじさん。
いつもやさしく潤んだ瞳で
いいものはいい、よくないものは
よくないよ、といってくれた。
楽しく語らうなかにもにじむ
信頼と期待の思い。
まさしく酒場は人生道場なり。

ちぇぶちゃん、とわたしが勝手に呼ぶおじさんがいる。

四谷荒木町の杉大門通りにある和食店「やくみや」でときおり顔を合わせる客で、みんなからは「けんちゃん」と呼ばれている。何年も前に初めてお会いしたとき、店にはロシアのアニメキャラクター〝チェブラーシカ〟のカレンダーが掛けられていて、ウルウルのつぶらな瞳に下がり眉、丸顔、ずんぐりとした体つきがカレンダーのなかの人形そっくりに見えた。その日からわたしは彼を「ちぇぶちゃん」と呼ぶようになった。

ファンシーな愛称に反して、ちぇぶちゃんは〝漢(オトコ)〟なお仕事をしている。ビル建設の現場監督。早朝からヘルメットをかぶり、職人さんたちに指示を出し、作業に手抜かりがないか、計画どおり進んでいるかを確認する。雨が降れば仕事は休み。日が暮れたら、一日めいっぱい労働した疲れを一杯の酒でほぐす。太陽とともに生きる健康さがちぇぶちゃんの空気をつくっていて、「おいしいなあ」「幸せだなあ」と嬉しそうに日本酒をすいすい呑む姿に、こちらまで楽しくなる。酒が入ると、つるりとした頭が見事に真っ赤になり、チェブラーシカから茹でだこに変身するのが、またなんともいえず味わい深い。

出会ったころ、わたしは荒木町の近くに住んでいて、会社員だった。勤め人の窮屈さにうんざりしながら、偶然見つけたやくみやで過ごすのびやかな時間にどれだけ救われたことか。店主であり料理人のさわちゃんが趣向を凝らした端正な酒肴と、いっしょに店に立つソムリエ・利き酒師の女性が選んでくれる酒が、息のピッタリ合った夫婦のようにお互いを引き立てあっていて、週に一度、いや二度、三度と通うほど入れあげていた。

鎌倉に引っ越し、以前のように足繁くというわけにはいかなくなったが、ふた月に一度は顔を出していたから久しぶり、というわけでもない。それなのに、ブルーの扉を前にすると、いつも特別な想いがあふれる。

三〇代の一〇年をこのまちで過ごした。それも半ばに差し掛かるころ、仕事と、女としての自分の人生とを、少し俯瞰して見つめるようになった。ひとりで酒場に行くようになったのはこのころである。やくみやは女性ふたりで営む店。同世代だったこともあり、彼女たちとはいろんな話をした。大事なひとたちも連れていった。そんな感慨がどうしても湧いてきてしまうのだ。

二〇一六年、やくみやは大きな節目を迎えた。約九年間、開店からともに店を創ってきた女性が去っていった。二〇人は入れる店だったが、席数を大幅に減らし、メニュー数も絞った。ひとは雇わず、ひとりでやっていくと決めた店主の覚悟がそこに表

れていた。四〇代半ばにして、大きな決断だったと思う。彼女の新しい挑戦に、ひと言「がんばってね」と伝えたい。そう思い、熱気の残る夏の夜に訪れた。

扉を開けると、集まっていた客はここで親しくなったひとたちばかりだった。そのなかに、ちぇぶちゃんもいた。いつものように背筋を伸ばし（ぽっちゃり体型なので背中は丸く見えるが彼は姿勢がいいのです）、カウンターの上には一合徳利と、半分ほど箸をつけた〆鯖が乗った小皿が置いてある。

「今日の〆鯖はいいよ。よく脂がのっていて、ひと晩寝かせてあるから」

さわちゃんのひと言で決まりだ。それと、ここに来たらかならず頼む「ぬた」を。季節によって和える食材はいろいろだが、この日は「マグロとわけぎのぬた」。マグロを醬油に軽く漬けておいてから白味噌で和えたわけぎの上にふわりと乗せ、てっぺんにも白味噌を添える。味噌には辛子がツンと利いていて、滋味とはまさにこういうものだという逸品。まったりとしたマグロと野菜の歯ごたえに味噌が絡んで日本酒を誘う。「〆鯖は二日目がおいしい」と彼女がいうように、しっとりと落ち着いた上品な舌触り。隣のちぇぶちゃんと「今日の〆鯖、最高ですね」と喜びを分かち合い、一杯めにいただいていた宮城の酒、日高見（ひたかみ）から、彼と同じ秋田の刈穂（かりほ）にした。心地よい酸味が〆鯖によく合う。

「ヤマダちゃんに会ったら見せようと思って」

ちぇぶちゃんがおもむろにおしりのポッケから革の財布を取り出すと、丁寧に折りたたまれた小さな新聞の切り抜きを広げた。それは、わたしが執筆を担当している読売新聞の「ぶらり食記」の記事で、ここ最近の三回分だった。彼がわざわざ財布にしまって持ち歩いている理由がすぐにわかって緊張した。

それは半年前のこと。やくみやを訪れると、先客にちぇぶちゃんがいた。その日もカウンターの上には一合徳利と〆鯖の皿があった。

彼は読売新聞をとっていて、『ぶらり食記』を楽しみに読んでいるといった。四人の書き手が自分の足で見つけた「この店の、この味」を紹介する短い食レポートで、わたしはかれこれ四年、ほぼひと月に一度のペースで書いてきた。料理は、店の雰囲気やつくり手の人となりに大きく左右されるもの。だから、その一品の味を伝えるのに、場とひとが醸し出す空気感や、つくり手の想いを自分なりに大切にしてきた。

「ヤマダちゃんの文章には、ひとへの愛情がかならずどこかに込められているよね。これを読んで何度ウルッときたことか」

日本酒好きの彼は、たいてい少し燗をつけてじっくり呑っているのだが、酒が進むと、思い出したように、いつもわたしの書く文章を褒めてくれた。その言葉に、どれだけ励まされたことか知れない。

この日も、文章の話になった。「読んでるよ」といったあと、いつものニコニコ顔が消え、曇った表情になった。チェブラーシカのアニメで見た、いまにも泣き出しそうな茶色い小さな生き物のウルウル眼。

「最近のヤマダちゃんの文章は、サラッとしているというか、すらっと読めちゃうんだけど、とっかかりがないというか、平凡というか……」

ちぇぶちゃんは気を遣ってその言葉は使わずにいてくれたが、明らかに「面白くない」ということだ。凍りついた。書き手にとって、読者からつまらないと思われる以上に堪えるものはない。

ちぇぶちゃんに指摘されるまで自覚できなかったが、なんということか、わたしの内側に「馴れ」が巣くっていたのだ。「こんなものかな」という中途半端さ。そんな停滞を敏感に察知したちぇぶちゃん。そこまで熱心に読んでくれていたことがありがたく、だからこそ恥ずかしくもなった。

「こんなこといってごめんよ」

平身低頭、詫びるちぇぶちゃんに、

「むしろ大事なことを指摘してくれてありがとうございます。今日からネジを締め直して取り組みます」

といって別れた。

それ以来の再会。彼の手元の切り抜きには、赤ペン先生よろしく「ｇｏｏｄ‼」の赤文字が踊っていた。

「ぼくは嬉しい！」

やっぱりウルウル眼だったけれど、このあいだのウルウルとは意味がちがっていた。

「ぼくの知っているヤマダちゃんが戻ってきた！」

あれからわたしは表現をひとつひとつ見直し、自分の言葉で書こうと模索してきた。届いた……。安堵で緊張がほどける。

でも、わたしの文章修業は道半ば。一本一本、ネジを緩めず真剣勝負でいこう。素手で探りながら、自分の文体を見つけていくしかないのだから。

ちぇぶちゃんと次、ここで会う日まで文章をどれだけ磨けるだろうか。そう思ったら、ふたたび奥歯に力が入った。

「刈穂をもう一杯」

「わたしにも刈穂、ください」

わたしとちぇぶちゃんは同時に注文し、お互いににやりと笑った。

お店のこと

やくみや

丸ノ内線四谷三丁目駅から杉大門通りの緩やかな坂を下った真ん中あたり。店主の林佐和さんの手から繰り出される料理は、丁寧にとった出汁がほのかに香るおひたしや揚げ出し、季節によって変わる「ぬた」、包丁技が光る刺身といった純粋な和食から、キーマカレーやエスニックサラダ、焼きそばなんて変わり種も。生ビールはハートランド、日本産のワインもあり、酒も食事に寄り添う純米系を中心に、厳選の品揃え。●東京都新宿区荒木町1－2－2F ●電話：03（6781）1875

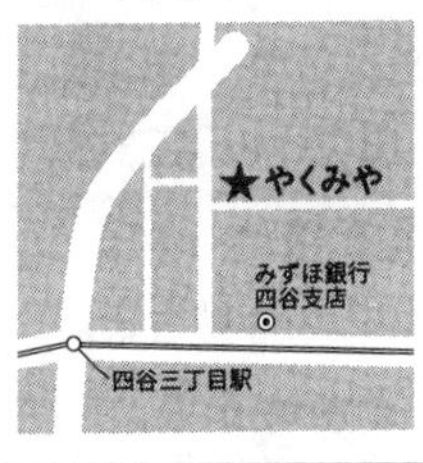

しめさば
さしみ
おひたし
つけもの
冷奴
チーズ
ねぎヌタ
まぐろヌタ
しらすおろし
なめこおろし
山かけ
月見
梅きゅう
もろきゅう

きいてる?
うーん

錦糸町・三四郎より

もつ焼
れば
しろ
たん
かしら
はつ
はつ・塩でね
なんにすっかなー

17

炭酸博士なおじさん

ビーフシチューとボール
[日の丸酒場・八広]

チューハイはなぜ「酎ハイ」なのか？
下町のハイボールは
どうしてウイスキーではなく
焼酎に謎のエキスを入れるのか？
その名も高き「酎ハイ街道」の名店で、
炭酸博士の講釈に耳を傾ける夜。
激しく泡を放出するキツい炭酸に
呑兵衛ゴコロは高まるばかり。

誰が呼んだか「酎ハイ街道」。

京成線八広(やひろ)駅から東武伊勢崎線鐘ヶ淵(かねがふち)駅を結ぶ鐘ヶ淵通りには、甲類焼酎に謎のエキスをブレンドして炭酸で割った「焼酎ハイボール」を呑ませる酒場が点在する。この界隈が呑兵衛(のんべえ)たちの間で酎ハイ街道といわれるゆえんだ。

高度経済成長期、都会の酒場ではウイスキーを炭酸で割ったハイボールが人気を博したが、こちらは同じ東京でも下町の葛飾区。より安く手軽に飲める焼酎が主役だった。だから、下町一帯でハイボールといえば「酎ハイ」ということになる。

八広駅からすぐの「日の丸酒場」は、酎ハイ街道のスタート地点ともいうべき名店だ。カウンターで、表面張力するほどなみなみ注がれた琥珀色のグラスを前に、

「同じボールでも店によって流儀があるの、知ってる？」

下町酒場の我が師匠がいう。

京成線沿線の酒場を愛する人たちは、「ボール、ひとつちょうだい」「こっちもボールね」などと、まるで友だちのニックネームのように親しみを込めて呼ぶ。

「ほら、ここは最初に炭酸を一気呵成(かせい)に注いでから、元祖の素（謎のエキスのことを彼はこう呼ぶ）をあらかじめブレンドした焼酎を足しているでしょ。でも、鐘ヶ淵側の「岩金」や「愛知屋」は先に焼酎を入れてから炭酸だし、レモンや氷を入れるとこ

ろもある。自家製の炭酸を使っているところもあれば、オリジナルの元祖の素をつくっている店もあってレシピは門外不出。下町ハイボールの世界は奥が深いのよ」

赤いポロシャツにニューバランスのスニーカー。ザンバラのおかっぱ、細縁眼鏡の奥のつぶらな瞳を輝かせ早口で教えてくれる。

彼とのつきあいは、かれこれ一五年になる。同じ京成立石の「ミツワ」というもつ焼き屋で初めてお会いしたとき、当時髪の長かったわたしに三つ編みをしてくれた（！）のが縁だ。

立石生まれの立石育ち。メディアでたびたび取り上げられ、週末ともなると観光地のようにひとが押し寄せるようになった立石だが、ブームになるずっと以前から、このまちの酒場をくまなく呑み歩き、『酔わせて下町』なる京成線沿線限定の酒場案内サイトを運営する一方で、町工場の二代目社長でもある。一一月一一日を「立ち飲みの日」と認定し、世に広めた仕掛け人の顔も持つ。

口開けの一七時を回ったばかり。店内にはカウンターに背広姿の先客がひとり。しわのない上着に伸びた背すじ。ニュース番組を見やりながら、わたしたちと同じ琥珀色のハイボールを呑んでいる。出先から直帰の勤め人のようだ。

「ビーフシチューとにこごりを。え、終わっちゃったの。じゃあ、とんぷら、できます？　うん、じゃあそれで」

師匠は品書きも見ずに注文していく。

「とんぷら？」

すかさず、八広へ初上陸となったたるみ画伯が聞く。千鳥ヶ淵でお花見をしてきたというほろ酔いの彼女は、いつにも増して綿菓子のような浮遊感をただよわせている。

師匠はよくぞ聞いてくれましたとばかりに、前のめりになって説明をはじめた。

「メニューにとんかつがあるでしょ。あれを天ぷらにしたもので、裏メニュー。ボールにはカツより天が合うと思う」

「へー。さっぱりしておいしそう」

「そうなのよ。ぼくは呑んだらあんまり食べないから、好きなもの頼んでね。ところであなた、本当にお酒呑める年齢だよね？」

教え甲斐のある呑み相手を得て、師匠はいつも以上にテンション高くジョークを繰り出す。ハイボールをおかわりするころには、「好みの声だなあ。社長室に来て隣で何かささやいてほしい」などと妄想たくましく画伯を口説いていた。

ビーフシチューが熱々の湯気をたててやってきた。洋食屋でよく見かける木製の受け皿に両手輪っかのついた白いボウル。とろりと艶やかなシチューがたっぷりよそわれている。牛肉の塊がゴロゴロ、ほかにじゃがいも、人参、玉ねぎと野菜もたっぷり。冬の寒い夜、晩ご飯に食べた母親のシチューを思い出し、ほかほかとした気持ちのままスプーンですすると、意外にもさらりと控えめな味わいだった。

意外にも、と感じたのは、ボクサーのように精悍(せいかん)な面差しをした三人の兄さんが店を回していたからで、もっと刺激的な味がするかと思い込んでいたからだ。実際には、さらりとしたなかに肉と野菜から染み出た独特のコクがあって、「元祖の素」の香りが独特なハイボールにこれがよく合う。煮込みを看板に掲げる酒場は多いが、牛スジやもつではなく、ビーフシチューとはハイカラだ。

「ここは昭和一二年の創業だから、そのころは珍しかったんじゃないかな。大衆酒場で洋食なんて、きっとステータスだったと思うよ」

あとで調べたら、シチューが日本のレストランで食べられるようになったのは明治初期らしい。戦前の酒場を想像すれば、いつも呑む酒は安い焼酎ハイボールでも、高級感を味わえるシチューは喜ばれたにちがいない。

多量の細かい泡がプツプツと表面に浮き上がるハイボールは、時間が経っても口当たりがキリリとしている。炭酸は、店の兄さんの手元を確認したら「ニホンシトロン」の瓶だった。が、炭酸に精通するおじさんは「いや業務用炭酸はリターナブルだから瓶に惑わされちゃダメ。王冠で見極めなきゃ」というなり、「すみません、さっき頼んだ炭酸の王冠いただけますか？」と、ハイボールをつくってくれた長男さんに声をかけている。

「もう捨てちゃったよ〜。次ね」

強面で切れ味鋭そうな兄さんに見えたが、対応はやわらかい。

炭酸の正体知りたさに三分の一ほど残ったボールを一気に飲み干し、おかわりをお願いした。兄さんは冷蔵庫から炭酸の小瓶を一本取り出し、シュッと栓を抜くとカウンターにあらかじめ置いたグラスに勢いよく注ぎ切る。炭酸度が強いのか、荒くれ者のごとくぶわっと泡が立ち飛沫が飛ぶ。間髪いれずに、謎の液体がブレンド済みのJINROの瓶に入った焼酎をいちどきに注ぐ。あと一滴間違えればあふれる、というところでサッと止める。見事な芸当に、るみ画伯とふたり、ため息が漏れた。

「はいよ」

手渡された王冠を見ると、「ニッポンタンサン」と記されている。

「ああ、葛飾区の会社だね。活きがよすぎて吹きこぼれ注意の暴れん坊だ」

たまに酒場で酎ハイやレモンハイを呑んでいるおじさんが、「炭酸が弱い。もっと強いのないの？」と要求している場面に出くわすことがあるが、師匠も含め、わたしのまわりには喉が痛くなるほどキツイ炭酸を好むおじさんが多い。

「キック、アタック、パンチ」は、炭酸の強度を示す彼独特の表現で、もっとも強烈なのがキック、次がアタック。ウィルキンソンなど一般に普及している炭酸は比較的おだやかでパンチがある程度なのだと、炭酸講義が続く。

「女性を褒(ほ)めるのに、美人だね、きれいだね、かわいいね、と使い分けるでしょ。それと同じ。ウフフ」

一見強面な店員さんたち。
でも やさしかった…。

「ほえー、なんでそんなに詳しんですか？　すごい」

声が好みのるみ画伯に感心され、嬉しそうな炭酸博士。「いいから、これ食べてよ」とやってきたばかりの「とんぷら」を勧める。昭和の洋食屋さんを彷彿とさせる銀皿にからりと揚がった豚の天ぷら。大根おろしとキャベツの千切りが添えられている。これはソースより醤油だね。サクッ。衣にパン粉を使わないとこんなにも軽やかな揚げ豚になるのか。塩でもイケそうだ。つい琥珀のグラスに手が伸びる。

「大根おろしがいい感じ。関西で鶏の天ぷらは食べたことがあるけど、豚は初めて。もたれなさそうで、わたしもこっちのほうがいいな」

カツより天派のお年頃なわたしたちをよそに、カウンターの隣では三〇代前半と思しき会社員ふたり組がビーフシチュー、トンカツ、ポテトチーズと、カロリー万歳なつまみをせっせと平らげている。旺盛なのは食欲だけじゃない。ハイボールをぐんぐん呑み重ね、「〇社の案件さ……」と男同士、仕事について熱く語っている。ひるがえって口開けからの先客は、ひとり刺身（イカ刺しから貝へ）をアテにハイボールを呑りながら、体格のいい店の三男さんと野球の話をしている。ともに読売ジャイアンツのファンのようだ。

今宵は、画伯にメロメロな師匠の案内による「酎ハイ街道」ハシゴ酒の旅。

次の店の算段をしていると、ふと疑問が湧いた。

「そもそも、誰が『酎ハイ街道』と名づけたんですかね。素晴らしいネーミング」

「え、オレだよ、オレ。なに、知らなかったの？」

なんと。このおじさん、詳しい詳しいと思っていたけど、ホントにホント？

「八広から鐘ヶ淵界隈にかけては、居酒屋だけじゃなくてラーメン屋やスナックまで下町ハイボールが浸透していてね。それでこれは『酎ハイ街道』しかないと命名したんだ」

　立石に生まれ、立石で家業を継ぎ、京成線沿線の下町酒場を誰よりも愛するおじさん。どの酒場にも顔がきくにちがいないが、一見と変わらぬ店との距離感を保っている。これが彼の流儀なのだろう。足と舌と肝臓とで蓄積した下町酒場史を問わず語りに聞いていると、日本全国をくまなく歩き、辺境に生きる庶民の暮らしを浮き彫りにした民俗学者、宮本常一の名が浮かんだ。師匠はだいぶ軟派だけど（失礼）。

　酎ハイ街道には、店の主がご年配となり、惜しまれつつもその歴史に幕を閉じる名酒場がいくつもある。師匠には、社長業はデキる部下に任せて、下町の宮本常一になってもらいたい。そして、いつか『東京下町酒場紀行』を綴ってもらうのだ。もちろん、編集はわたしの手で。

お店のこと

日の丸酒場

京成線八広駅から高架下を歩くこと２分。純白の暖簾に「大衆酒場　日の丸」の堂々たる墨文字がはためく。からりと引き戸を開ければ、白の上っ張りが清々しい三兄弟の兄貴たちが迎えてくれる。ビール510円、ブワッと炭酸の飛沫があがるほど勢いよく注がれる焼酎ハイボール310円、二級酒210円、一級酒260円。名物ビーフシチュー630円、エビフライ500円、とんかつ370円など揚げ物豊富、貝類470円など刺身も豊富。季節でにこごりや鍋料理もあり。

●東京都墨田区八広６－25－２●電話：03（3612）6926

18

大阪ポマードおじさん

だし巻きと熱燗

[クラスノ・大正]

シベリア抑留から帰ってきた初代が
世のため人のためにと開いた店には、
今夜も温かい笑い声がこだまする。
家族経営の地元密着、身の丈商売。
奮闘する3代目夫婦とまだ1歳の4代目を
見守りながら手酌酒の常連おじさん。
初代の味を受け継いで
4代目が腕を振るう日が待ち遠しい。

小学生のころ少しだけ駆けっこが得意だったわたしは、運動会ではリレーの選手だった。運動会が迫ると、放課後は毎日バトンパスの練習。走り出すタイミングがむずかしく、早すぎても遅すぎてもいけない。お互いの呼吸を合わせてしっかりとバトンをつなぐ。リレーはチームワークの競技だ。

家族で営む酒場で呑んでいると、リレーのバトンパスを思い出す。夫婦で、親子で、きょうだいで、初代が大切にした「店の魂」を代々受け継ぎ、守りつづけている雰囲気が伝わってくる。近ごろは家族の絆など幻想にすぎないという意見もあるようだが、わたしが知る家族酒場は安心と信頼のもとにみなで支え合い、見事なバトンリレーを見せてくれるところばかりだ。

そんな家族酒場には、ここが我が居場所と決めて通う客たちが多い。彼らが店の歴史とともに時を重ね、見守り、支えつづけているから店はいっそう磨かれ、独特の空気や個性をまとうようになっていくのだろう。

大阪環状線の大正駅からほど近い路地に構える「クラスノ」。

ここでわたしは、あるひとつの家族のリレーを見た。

沖縄民謡の発車メロディが流れるプラットホームに降り立つと、ぷんと肉の焼けるにおい。大正区はその昔、沖縄からの移住者が多かったそうで、界隈には沖縄料理店が目立つ。高架下には串カツ、おでん、ホルモン焼き、立ち呑み、バルなど新旧入り交じった呑み屋が並び、金曜の夜でもあり、どこもたいそう賑わっている。おっちゃん、おばちゃん、若者と客層がさまざまなのはまちの懐が深い証拠。おいしそうなにおいも加勢して、期待が高まる。

からからから。引き戸を開けると、店内にはびっちりのお客さん。入って左手のカウンター席では独酌おじさん、背広のサラリーマン、中年カップルなど。右手のテーブル席のいくつかには、地元のおっちゃんおばちゃん。店の女将さんと親しげに話しながらのくつろぎ酒だ。入口すぐには簡易テーブル、折りたたみスチール椅子が置かれ、ここでもおばちゃんふたり組がチューハイ片手に熱心に話し込んでいる。

「いらっしゃいませ〜」

白地に水色ストライプのコック帽がどこか洋食屋風のご主人が、カウンターの向こうで何かを焼きながら白い歯を見せて迎えてくれた。人懐こい目尻のしわに、ふわぁと気持ちが緩む。「ほなまた」「おおきに〜」赤ら顔で爪楊枝をくわえたおっちゃんふたりが帰るところだ。ピークをはずして遅めに来てよかった。

「こちら、サービスですぅ」

カウンター席に着くなり出てきたのは、グリンピースの卵煮とごまめ。手塩皿にちんまり。「お飲み物、何にしまひょか」。ええと、ビールを。「生と瓶がございますぅ」。瓶でお願いします。「へい、瓶ビール一丁!」。間髪いれず、曇りひとつないグラスと大瓶が届いた。

歯のきれいなご主人の隣に立つまだあどけなさの残る青年が、同じ水色ストライプ帽をかぶり真剣な表情で火元を見つめている。女将さんは、若いサラリーマンに「コースはね、くわ焼き六本に生野菜がついてお得やねん」と勧め、健康を気にするご婦人に「マヨネーズは自家製でヘルシーやさかい」と説明している。丸顔にクリクリとした瞳が厨房の青年とそっくりだ。赤ちゃんを負ぶいながら、忙しそうに料理や酒を運んでいるショートカットの小柄な女性は息子さんのお嫁さんだろう。男が厨房を預かり、女は客をもてなす。息の合った連携プレーは家族ならではだ。

カウンター越しに見える鉄板では、鶏肉や牛肉、いか、たこ、なす、ピーマン肉詰めなどが次々焼かれ、じゅうじゅうと旨そうな音を立てている。焼き目がつくとステンレスのボウルでふたをし、少し蒸す。ほほう、これがくわ焼きか。

「昔は畑仕事の合間に、農具の鍬(くわ)の上で鳥なんかを焼いてたらしいんですわ。せやから、くわ焼き、いうんです」

ご主人が手を動かしながら教えてくれる。客の多くが頼む「おまかせコース松」は六八〇円。女将さんのいうとおりお値打ちだ。

　焼きとり、こんにゃく田楽、ささみしそ巻き、いか、レンコン肉詰め、えのき茸。以上が本日のコース松。香ばしく焼かれた鶏ももとタマネギに甘辛いタレの焼きとり。こんにゃくも鉄板で焼き目をつけてから味噌ダレをかける。いかとささ身はあっさり塩味。豚バラで巻いたえのきのしゃっきり歯ごたえ。レンコン肉詰めはカレー味で、これまた酒呑み泣かせの一品だ。どれもこれも、安くて旨くて気どらない、大阪下町の味。

やっぱり酒場には
ライターよりマッチが
似合う！

　瓶ビールを追加して、どんどん食べてぐびぐび飲む。

「おねえさん、だし巻き食べた？」

　隣でお銚子を傾けていたおっちゃんが煙草を灰皿にもみ消しながらいった。黒いスーツに白いワイシャツ。ネクタイはしていないが、社章だろうか小さなバッチが襟元に光る。きっちり七分にわけた薄毛にはポマード。テーブルにはお銚子数本、ぬたとまぐろ、セブンスター、そしてこの店のマッチ。渋い。

までですと伝えると、どこから来たのか、初めてかと確認してから、咳払いひとつ。独演がはじまった。

「ここは、今年たしか一〇〇歳になる旦那はんが戦後まもなくシベリア抑留から戻はって、開いた店でな……」まずは店の歴史を教えてくれる。

店名の「クラスノ」は、初代の松原豊一さんが抑留されていたロシアのクラスノヤルスクにちなんでつけられた。堪え忍んだ苦難を忘れず、世のため人のために生きようという決意が込められている。引退してからは、二代目の一行さんご夫婦がその精神を受け継いだが、以来、クラスノ名物でもあった豊一さんのだし巻きはしばらくメニューから消えていた。復活したのは、一行さんの息子弘智さんが店に立つようになってから。それでも最初は、「ぜんぜん旨ない」「味がちゃう」と常連からダメ出しされてばかりだったという。セブンスターに火を点けながら、「最近やろな、マシになってきたのは」とおっちゃん。

果たして、わたしの目の前にそのだし巻きが熱々の湯気をたてて運ばれてきた。

「なかなか上手に焼けとるやんけ」

クラスノ歴二〇年だというおっちゃんは、身内の仕事ぶりを案じるかのように、横目でだし巻きを見やり、満足そうにうなずいた。

おじさんの独演は、ありがたいけど
ちょっと疲れる。

　たまご三つにたっぷりの出汁が閉じ込められた大きなだし巻きは、ほんのり醤油の香りのする酒呑み仕様。ふわとろたまごの幸福に浸るには、酒場のだし巻きに限る。しかもこのボリュームで二七〇円とは。

「どや、旨いやろ?」の言葉に笑顔で返し、わたしも酒を燗につけてもらった。

　しかしこのおっちゃん、二〇年通っているだけあって、店のことに詳しい。

「シベリアは死ぬほどしばれて、ろくなもん食べられへんかったて。うちでは腹一杯食べていってや、よく旦那はんがいうてたわ」

「ばあさんも少し前までは店に出てきよったんやけど、最近は見かけへんなあ。元気にしよるか、ばあさん」

ご主人に向かっていった。

焼きものがひと段落したご主人は、コテで鉄板の焦げをこそげ落としながら、

「へえ、おかげさまで。さっきまでそこに腰掛けよったんですわ」

「そうなんかいな。ばあさんにはずいぶん戦争の話を聞かせてもろてなあ。何年何月何日って克明に覚えてはるんやで。感心やわ」

もう少しで閉店の二二時。いつの間にか客はわたしとポマードおじさんだけになっていた。お嫁さんとおかみさんはテーブルで食事をはじめている。だし巻きを焼いてくれた三代目も出てきて、仕事の緊張がとけた表情でわが子を抱きあげた。

だし巻き、おいしかったです。声をかけると、照れくさそうに頭を下げる。

「まだまだです。おじいちゃんのようには焼けません。きれいに焼こうとすると、かたくなってしまうし、ふんわり仕上げようとすると、形が整わない。何百遍つくっても、おじいちゃんのだし巻きには追いつかれへん。一回一回が真剣勝負ですわ」

おっちゃんが最後の酒をお猪口(ちょこ)に注ぎ、いう。

「旦那はんが五〇年、六〇年かけてつくってきた味や。追いつかれへんのは当たり前。でもその心意気はエエな」

やりとりを聞いていた女将さんのひと言がよかった。

「息子たちといっしょに働けるってなんて幸せなんやろて思います。家族みんなで力を合わせてきましたから」

お孫さんのほっぺを撫（な）ぜ、「この子がだし巻きを焼いてくれる日が楽しみやねん、な、四代目」。そういって顔を寄せると、ふくよかな微笑みを満面に咲かせた。

家族のリレー。バトンはシベリア抑留の苦難を乗り越え、世のため人のためと店をはじめた豊一さんから一行さんに受け継がれ、弘智さんへ渡される。そしていつの日か、一歳になったばかりのこの坊やが店自慢のだし巻きで客を満足させるときがくるのだろう。

バトンは確実に次の世代へ渡されてゆく。たしかな未来を描きながら、家族で汗を流す。なによりの幸せにちがいない。そのバトンリレーを見守り通うおっちゃん。彼もまた、幸せ者のひとりだ。

お店のこと

クラスノ

店の名は、初代の松原豊一さんが終戦後、強制抑留されたロシアの地名にちなんで付けられた。いまは２代目の一行さん夫婦と息子の弘智さん夫婦の４人で店を守る。くわ焼き３皿６本と生野菜がつく「おまかせコース」の「松」800円、生ビール450円、日本酒450円など、たらふく食べて呑んでも財布がさみしくなることはない。大衆酒場の精神は家族３代、連綿と受け継がれている。●大阪府大阪市大正区三軒家東１－３－11●電話：06（6551）2395

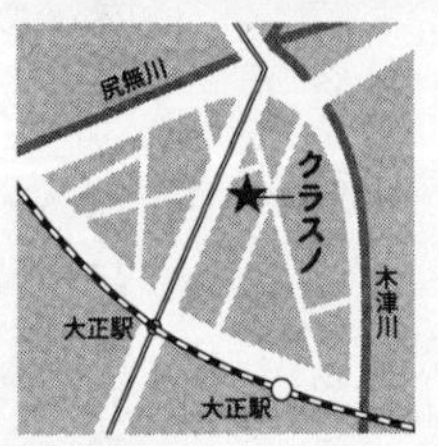

19

たまごに焦がれるおじさん

目玉焼きとレモンサワー

[こしの・渋谷]

ネオンと喧噪の道玄坂で、
路地の奥にひっそりたたずむ小料理屋。
惹かれ引かれてオトナの薫り。
たまご好きな先輩との会話が弾んで
店じゅうのおじさんたちが、
そろいもそろって目玉焼き。
艶っぽい女将のやさしい言葉と
芳醇な味わいに恍惚と更ける夜……。

昔はそれほど興味がなかったのに、酒を呑むようになって好きになったものがある。たまごだ。

だし巻き卵、目玉焼き、ニラ玉、キャベ玉、卵とじ……。

たまごほど変幻自在な食べ物はない。

夢のようなたまごワールドを教えてくれたのは、仕事の先輩だ。まあるい顔の、笑うと目尻がきゅっと上がる様が愛嬌のおじさんで、知り合ったころ、わたしは三〇歳ちょっと。先輩は五〇歳を過ぎていた。

たまごが好物だと公言し、おでん屋に行けば真っ先にたまご、焼き鳥では鶏肉そっちのけでうずらのたまご、居酒屋では納豆オムレツ、中華ではニラ玉、かに玉、ハイボールがうまいバーではスコッチエッグと、とにかくたまご、たまごである。お花見に誘われ、待ち合わせの千鳥ヶ淵に行ってみれば、つくってきたというお重のなかに端正なだし巻きが並んでいた。先輩シェフのだし巻きは砂糖っ気がなく、海苔が間に挟まれたり、ねぎが混ざっていたりして、いかにも酒呑みがこしらえた一品だった。

最初は朝食じゃあるまいし、と思っていたが、渋々ついているうちに、気がつけば、黄色くてふわふわの不思議な代物が連れていってくれる多彩で奥深い世界に夢中になっていた。若造が頼めば子どもっぽいが、大人ならツウに見えるじゃないか。とかなんとか言い訳をしながら、それからというもの、とりわけ好物の目玉焼きを酒場で見つけると、嬉々として注文してしまうようになった。

渋谷の道玄坂。いつ来ても騒々しいまちだ。ケバケバしいピンクの電飾看板を視界から追いやり坂をのぼると、別世界が待っている。ビルの一階にあるカウンター八席だけの「食べものや こしの」。佐賀は有田出身の女将さんが和服に割烹着で迎えてくれる。有田焼の窯元の娘さんで、器はすべて有田焼。なにより、しっとりと落ち着いた大人の空間は渋谷では貴重で、藍や紅、群青など鮮やかな色柄も美しい酒器や器を愛でながら呑む酒は格別だ。

「三浦哲郎のエッセイに、ゆで卵を食べる話があってさ……」

こしのさんのつくる濃ゆい角ハイに「相変わらず好みだわ」と満足していると、隣で先輩がいう。わたしをたまご好きにさせた張本人である。

「なんでも、家族の年中行事として〝ゆ

ふふふ

うなじがきれいな
女将さん

で卵を食べる日〟を設けているんだって。奥さんが一度に一〇個ゆでて、子どもたちと食べるんだけど、それがどうしようもない固ゆでで、うまく飲み込めずにむせちゃうんだよな、三浦が。面白いのは、たまごにむせている様子を見て、子どもたちが『お父さんの鼻から黄色い粉が煙のように出ている』という。卵の黄身だぜ、それ。ホントかどうか知らないけど、可笑しいと思わない？」

先輩はじつに愉快そうに、たまごのエピソードを語ってくれた。

話の内容よりも、たまごが大好きな先輩が嬉しそうに話す様子のほうが可笑しくてたまらなかった。その話を聞いていたのだろう、いっしょに呑んでいる相手と商談めいたことをしていたおじさん（バリトンボイスで声が響きわたるのだ）が、自分たちの話を中断して大まじめにこういった。

「たまごは旨いよなあ。六つぐらいいっぺんに食べてみたいものだ」

「いやだわぁ、六つも食べたら体によくないですよ」。こしのさんが笑う。

「いやオレは本気だ。腹がへってきたな。ママ、これなに？　豚の角煮？　いいね、それもらおう。たまごも入れてよ」

とろりとあめ色になった豚バラの塊とともに、煮込んだたまごが大皿に盛られている。作曲家の三枝成彰（さえぐさしげあき）似の白いポロシャツのおじさんは、それもそれもと煮たまごを指さし、全部食べてしまいかねない勢いだ。

「先輩、ここにもたまご好きのご同輩がいますよ。男のひとってたまご好きが多い気がするんですが、気のせいかな」

するとこんどは、ひとり黙って酒を傾けていた大学教授風のメガネおじさんがのってきた。

「ぼくもたまごに目がないタチですね。あなたの指摘は間違いないと思いますよ」

ニヤリ笑って、「ママ、だし巻きお願いできるかな」。

「可笑しいわ。大の大人の男性がたまごで盛り上がるなんて。ふふふ」

ボトルの焼酎をおじさんに注ぎ足し、「しょうがないわね。お時間ちょうだいしてもよければ、つくりますよ」と笑顔を向けた。

「待つよ、どこまでも」

美人女将が相手だ。語尾にハートマークが見えるくらい艶っぽいやりとりを聞いていたら、わたしも無性にたまごが食べたくなってきた。

「こしのさん、目玉焼きできますか」

メニューにはないのを承知で、おずおずと聞いてみる。

「あら、山田さんもたまごが好きなの」

じさんを、和風ハンプティダンプティにしてみました。

「お酒のつまみになるんですよ、目玉焼きって」

わたしと一〇も歳のちがわない涼やか美人の女将さんはいたずらっ子のまなざしで、

「たまごはひとつ？　ふたつ？　固さはどれくらい？　ハムは入れる？」

三択もさせてもらえるなんて完全にノックアウト。女将さんにほだされているおじさんをここでたくさん見てきたけれど、わたしも惚れちゃいそうだ。

「目玉だから、やっぱりふたつがいいな。じゅくじゅくの

思いきって、ハンプティダンプティ似の

半熟、ハムもお願いします！」

先輩を忘れ、自分の好みだけで頼んでよかったかしらと横を見ると、ニコニコと目尻を下げている。

「いつの間に、きみはそんなたまご好きになったの？」

あなたがたまご好きにしたんですよ、というかわりに、空になった先輩のレモンサワーをもう一杯注文した。

「オレたちにも目玉焼き、ちょうだい。たまごは四つ、ハムはなし。黄身の表面が白くなるくらいの加減でね」

ポロシャツのおじさんからも声がかかる。四つ！　それにオーダーが細かい！　筋金入りのたまご好きおじさんだ。

「ハイハイ、わかりました。たまご、買っておいてよかったわぁ」

こしのさんがフライパンにたまごを割り落とした。じゅわ〜〜っ。パチパチパチ。店内に、なんとも平和な音が広がる。

かくして、四人のおじさんとわたしの目の前には、だし巻き卵、目玉焼き、ハムエッグがそれぞれ並んだ。

とうるんとした白身の世界の中心に、一糸まとわぬ艶やか黄身がふたつ。有田焼の美しい器に完璧な目玉焼き。贅沢だ。

目玉焼きを前にすると、いつも躊躇(ちゅうちょ)してしまう。箸(はし)を入れた途端、黄身があふれ出し、それを残らず食べるのがむずかしいからだ。ドギマギしているわたしをよそに、目玉焼きを四つも頼んだおじさんたちは、「旨い、旨い。やっぱりたまごは最高だ」と連呼している。こちらが先輩と半分ずつ味わっているうちに、一瞬にしてペロリと平らげた。

「幸せだなあ。オレはいまものすごく幸せだ」

加山雄三か、とツッコミを入れたくなる台詞で締めくくり、ポロシャツのおじさんは、これから歌いにいくんだと同行者とともに席を立った。
「おかげで楽しかったよ。飲み屋で目玉焼きを喰う女性。やるね、気に入った。また
ここでいっしょに喰おう、たまご」
陽気にいって、おじさんは渋谷の歓楽街へ消えていった。
鼻から黄色い粉は見えなかったけれど、夢中でたまごに喰らいついているその姿は、
一瞬、ハンプティ・ダンプティのようだった。『鏡の国のアリス』の挿絵で見た、あ
の擬人化されたたまごの紳士だ。

お店のこと

食べものや こしの

道玄坂。喧噪を抜けた坂の途中、ビルの１階に流麗な筆文字看板。ひとに連れてきてもらわなければ、自分では到底見つけられなかった渋谷の隠れ家。カウンター10席を、和服に割烹着が美しい女将ひとりが切り盛りする。大皿に盛られた総菜を「これ、ください」と頼むのが楽しい。たまご料理は、客の求めに応じて目玉焼きのほか、ハムエッグ、だし巻き卵と多彩。日本酒は磯自慢、東一、久保田など。焼酎各種。濃いハイボールもおすすめ。●東京都渋谷区道玄坂２－16－19●電話：03（3770）9888

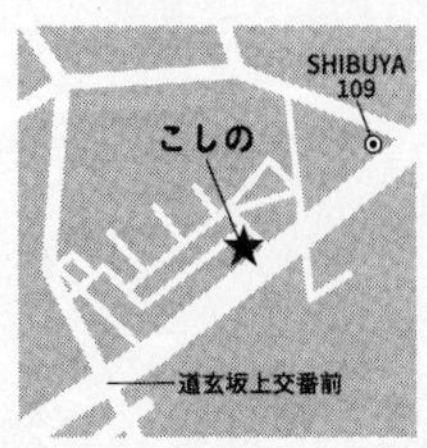

20

注文の多いアシカおじさん

満州焼きと赤星
[一徳・藤沢]

たしか、ひと癖ある店主だった。
美味の誘惑に負け、二度目の来訪。
忘れていたわけじゃないけれど、
またまたピシャリでうむむと唸る。
なのになぜか憎めないのは、
おいしく食べてもらうことに真剣だから。
藤沢の“ツンデレ”アシカおじさんは
注文の多いテレ屋な職人なのだ。

わが家はしつけに厳しかった。箸の上げ下ろしから口の動かし方まで細かく注意され、小皿に醤油を残すと無駄にするなと叱られた。残すのは、自分というものがわかっていない証拠で恥ずかしいこと——母のいうことはごもっともなのだが、一〇歳かそこらの子どもには、なかなかその加減がわからなかった。

しかし、母の教えは、いま酒場で生きている。やたらに頼まないし、小皿に醤油を残すこともない。自分の作法については信頼があった。あの「注文の多い焼きとり屋」の暖簾をくぐるまでは。

酒を呑まない友人と平塚で餃子を食べ、早々に「じゃあまたね」と別れたあとだった。瓶ビール一本では足りず藤沢の焼きとり屋「一徳」に入った。二度目の訪問である。

曇りガラスの引き戸を開けると、ギロリ。蛍光灯に照らされて光る坊主頭の大将と目が合った。「どうぞ」。促され、カウンター席の手前に腰掛ける。瓶ビールを頼むと、シュポッ！　見事な音で栓を抜き、サッポロラガーが差し出された。赤い星印がデザインされた通称「赤星」だ。コップにビールを注ぎながら、前回、連れの赤い顔を見て、「本来、酒の入った客はお断りだよ」とぴしゃり注意されたことを思い出した。また叱られたくはない。餃子とビールを摂取してきたことがバレぬよう、串ものを数

本まとめて注文すると、

「そんなに頼んだら、焼き物が冷めるだろう」

たしなめられた。半袖の白い上っ張りに細い銀縁眼鏡。上を向いた鼻と黒目がちな瞳、ツルピカの頭が〝アシカ〟を思わせる。あの愛くるしい海の生き物は、こんなうるさいことはいわないが。

「おねーさん、二回目だよね」。前回の訪問からもう一年近くになるのに、すごい記憶力。

「まず、品書きをよく見てよ」と表情を変えずにいう。そうだった。壁の品書き札には左端から、かしら、たまご、すなぎも、かわ、たん、ぴーまん、てばさき、ししとう、ねぎ、なんこつ、えび、かき、ぎんなん、しいたけ、ねぎにく、あすぱら、ればこぶくろ、ちょりそ、にんにく、しろと書かれている。値段の表記はない。ガラスケースの奥のほうは確認できなかったが、仕込んだ串がその順に並んでいるのだろう。

さらに品書き札の上に注目。

《品名ごとに必ず本数を続けてください（品名・本数とも、お連れさんの分まとめてください）。カシラの味噌焼きが名物満州焼きです。その他は、素材に合った味付けをします（タレと塩の味付けしか知らない方が多いので）》

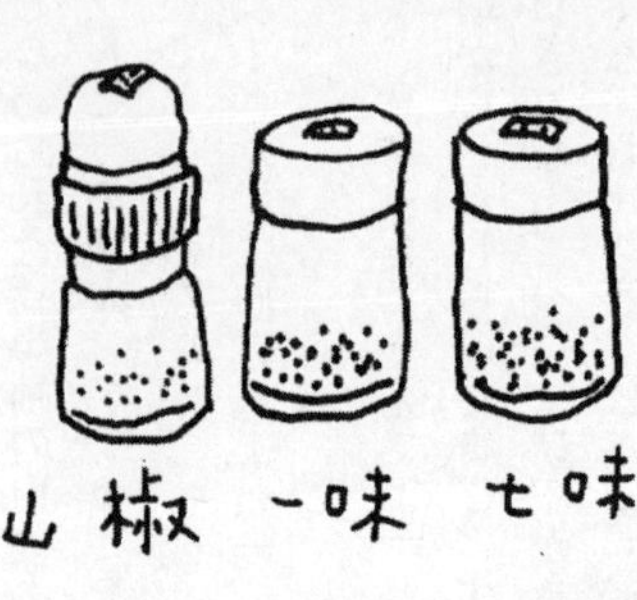

《ねぎまはありません！　魚のマグロと根深ねぎのブッ切りを合わせ煮た鍋がねぎま。当店はやきとり屋ですので鍋屋のメニューは置いてません》

断り書きが手書きでびっしり書かれている。そうそう、思い出した。初めてのときも、地元の連れに「偏屈なおやじがやってるんだけど、味は旨いから」といわれて連れてきてもらったのだった。でも、こんなに注文の多い店だったっけ。入ったのを後悔しかけたが、先客が旨そうに嚙(かじ)っている手羽先に食欲をそそられ、気を取り直した。置かれた皿に七味唐がらしを振っておく。

「ちょっと。七味は串にかけるものだよ。そんなふうに皿に振ったら、七味が残ってもったいないだろう。だいたい食べる前からかけるっていうのはどうかね」

〝バカ〟がつくほど辛いもの好きのわたしは、焼きとりにしてももつ焼きにしても煮込みにしても、何にでも七味（もしくは一味）唐辛子をかけちゃうし、おでんには辛子たっぷり。勤め人だった時代は、会社の冷蔵庫にマイ・タバスコをキープしていた。

いま、目の前の皿には吟味して選んだ満州焼き、砂肝、鶏皮が一本ずつ。皿の端に七味を振り、ちょんちょんと串をつけて食べはじめていたところだった。

またしても挫かれた。しかも、悪食を指摘され、おまけに食事の作法を注意されるなんて。どう食べようが、勝手じゃないか。そういいそうになり、胸のムカつきをビールとともに流し込んだ。

「なんだよ、イチから焼きとりの食べ方教えないとダメかね」

大将のお叱りはなお続く。一本ずつ食べるのはダメ。ほかの串と交互に食べないと残った串が冷めて固くなるという。しかし、これには黙っていられない。口のなかでカシラの味、砂肝の味、タンの味とくるくる変わるのはせわしない。おいしいのに、ちゃんと味わえません。そういい返すと、

ふん、と鼻を鳴らして「ああそうかい」と肯定も否定もせずにいった。

食べてみると、悔しいがとびきり旨いのだ。「安いものはたいてい嘘っぱちだ。そんなもんが食いたかったらよそに行っておくれ」と豪語するだけのことはある。

甘辛い味噌味が合うカシラの満州焼きや、醤油で食べる砂肝の香ばしい新感覚。鶏皮に至っては、どうしたらこんなにぷるんぷるんに焼けるの、という衝撃。そのまま感想を述べると、表情を変えずに「好きにしな」と黙った。ビールを二本干し、先客はとうに去り、ほかに客がくる気配はない。引き上げるべきか。しかしどういうわけか、叱られてばかりいたのに、偏屈おじさんのピシャリに快感すら覚えていた。

「店仕舞いしたら、オレも呑むからゆっくりしていけば」

そろそろ閉店の二二時が近づいていたころ。焼きとりの食べ方も心得ていない客だと呆れられたとばかり思っていたのに。

迷ってさまよう視線の先に、「このわた」の文字を見つけた。ナマコの内臓を塩辛にした珍味。懐かしい。子どものころ、父親が自分で獲ってきたナマコを自分で捌(さば)いて酒の肴にしていた。

潜って獲ったアワビや伊勢海老を現金にしたり、釣り人を乗せる遊漁船をやっていた父親の話をすると、「オレのも自分で獲ってきてつくったやつだから食べてみなよ」と、瓶から黄金色の細い糸のような代物を手塩皿に盛ってくれた。ぷんと強い磯の香り。「こりゃあ、日本酒だろ」と大将。ならばと、浮きかけた腰をふたたび据えて呑むことにした。

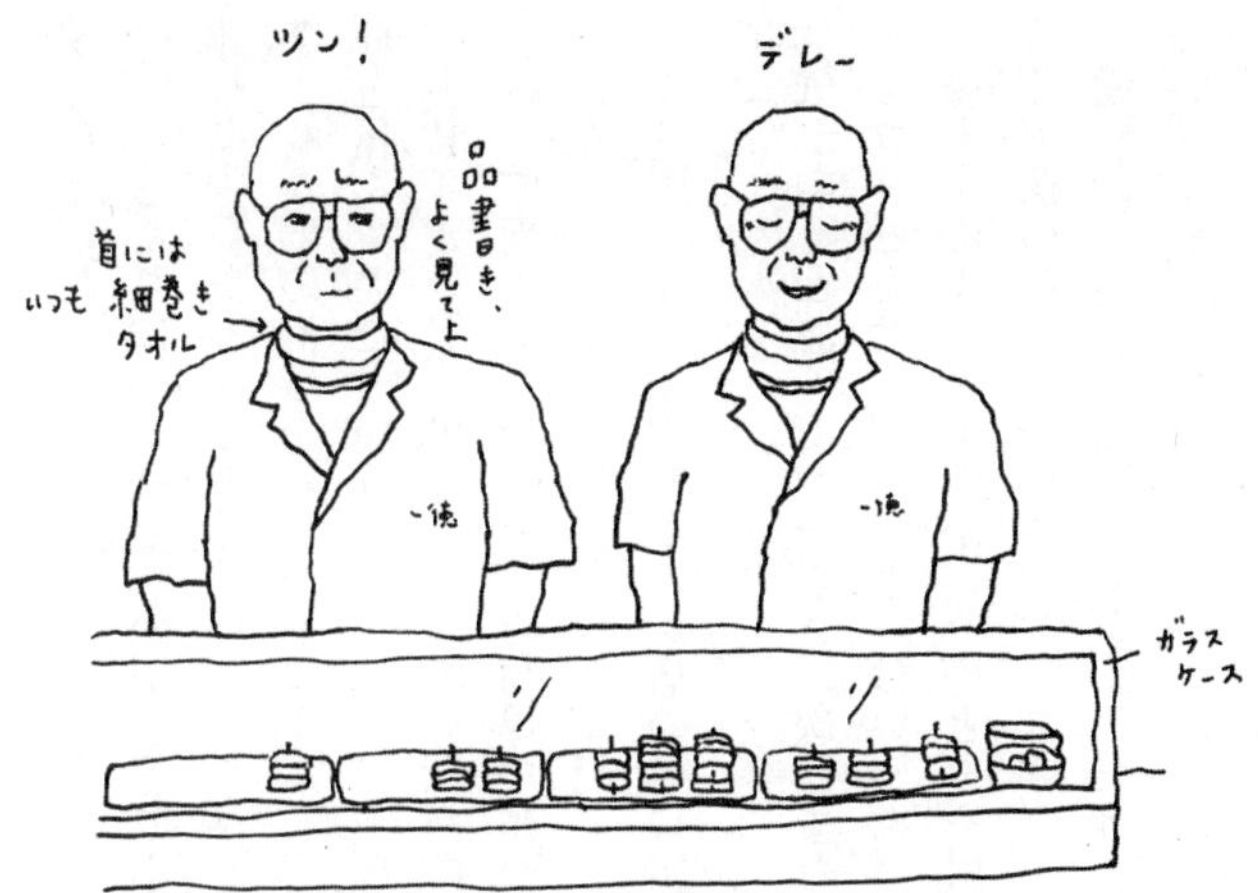

はじめてのお客さんだろうが、常連さんだろうが、ホスト風の若者だろうが、ビシビシ怒る！
でもよく見ていると、みんながおいしそうに食べているのを見てにんまりしてる。かなりのツンデレおじさんだった。

大将は二二時きっかりに暖簾を店内に仕舞い、冷蔵庫から発泡酒の缶を取り出すと、「ちょっと接近するよ」と断って、わたしの隣に背を向けて座り、テレビ相手にコップに勢いよく注ぎ、ぐいっとひと息。接近……。可笑しくて、光る後頭部にニヤリ。「閉店後、ここで一杯呑るのが日課で。これ、オレの晩酌用」。顔だけ向けて初めて白い歯を見せた。自分で〆たのであろう、てらてらの鯖をひと切れつまんだ。

わたしたちは、それぞれの酒と肴で小一時間を過ごした。そのうち、おじさんは海難救助隊員だったという若いころの話をしてくれた。地元藤沢を拠点とし、江ノ島や茅ヶ崎などの海域を船でパトロールし、いざというときに備えて泳力を鍛えるなど訓練を積んでいたという。

iPadを取り出し、見せてくれた白黒写真の中には、黒いウエットスーツに身を包み、酸素ボンベを背負った精悍な顔つきの青年が立っていた。まだ髪の毛がある。アシカじゃなくて、海猿(うみざる)だったんだ。

帰り際、元海猿おじさんが店の外に出て見送ってくれた。そばに立たれると、背が高い。

「気が向くと潜ってっからさ。次はまた別の珍味が食えるかもしれないな」

ニコリともせず、おじさんはいった。潮目を探るような、そんな顔つきだった。

発光する夜の繁華街が、そのとき一瞬、海底に沈んだまちに思えた。ゆらゆらと揺れる海藻の間を、黒いウエットスーツを着た海猿おじさんがアシカのごとく泳ぐ。

愛嬌たっぷりに見えるアシカ。だけど、じつは神経質なこだわり屋、なのかもしれない。

お店のこと

やきとり 一徳

藤沢駅南口から徒歩３分。ド渋な店構えが目印。昭和45年創業。入店したらまず壁に貼られた説明を読みましょう。決して酔っ払って行ってはいけません。喫煙もNG。酒は、ビールのほか、焼酎、日本酒、梅酒、赤ワインがそれぞれ１種類ずつ。串もの同様、こちらも値札がない。正直、安くはありません。でも、どれも上物とわかる味。平均点な酒場では飽き足らないあなた。ぜひ藤沢まで足を運んでみてください。●神奈川県藤沢市南藤沢20－21●電話：0466（26）4594

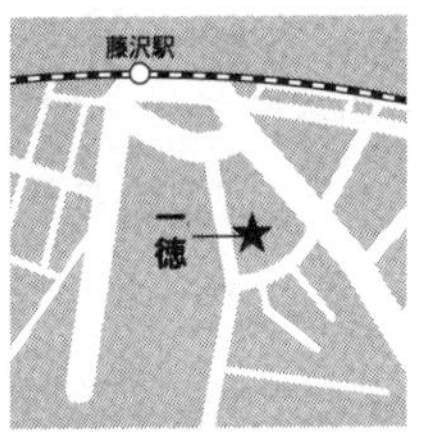

21

アンパイアおじさん

生干しコマイとプレモル

[Ping・五反田]

「おじさん酒場」に出たいという。
なんなら主役で書けという。
こんなおじさん初めてだ。
ケレン味たっぷりの自己PRに
るみ画伯も食いついた。
今宵の酒場は怪しいホテルが立ち並ぶ
五反田駅の西口。
いざ、おじさんオン・ステージ！

「ヤマダちゃん、本物の審判、見たことある?」

五反田の酒場でいっしょに呑んでいたおじさんが脈略なくいった。

え? 審判って何の? 思わず聞き返してしまった。

初対面のそのおじさんは、ネットで居酒屋探しをしているうちにウェブで連載中だった「おじさん酒場」にたどり着き、その前身連載「東京胸キュン安酒場」までさかのぼって一気に読破。「オレも登場したい!」と思ったのだという。

SNSを通じていただいたメッセージには、行きつけの店があるので一献願いたい旨と、アヤシイ者ではない証拠にと、ご自身のブロマイドが添付されていた。串カツのソースみたいによく灼けた肌にダブルのスーツ。ヤクザな父を持ったわたしには馴染みの、ソッチの雰囲気だ。「関西出身、五〇歳手前、既婚。愛読書は『できる男は不倫する』(幻冬舎)」という自己PR文に、「♪」や「(^^)」といった絵文字が並んでいた。

なにより、自分から連載の主人公になりたいだなんてけったいなおっさん、初めてだ。るみ画伯に報告すると、新種発見ですね! 見てみたいと喜んでついてきてくれた。

そのおじさんが指定した店は、五反田駅西口からすぐの風俗店やパチンコ店の合間

に昔ながらの居酒屋が点在する歓楽街にあった。「大衆酒場Ｐｉｎｇ（ピン）」。小洒落た店構えから若者の店のように感じたが、なかに入ってしまえばサラリーマン天国であった。

界隈いちばんの繁盛店らしく、まだ一七時半だというのに四〇人近く座れそうな店内は、すでに七割がた埋まっている。

腕まくりした白いＹシャツだらけのなかで、主演を買って出てくれたおじさんはすぐにわかった。艶のある濃紺ベストに、きっちり締めた黄金色のネクタイ。おでこは若干後退しているがジュード・ロウ風で、髪に気を遣っていることが見てとれる。わたしたちに気づかないまま、生ビールをぎゅーっと飲み干し、おかわりをオーダーするところだった。

「ワタルくん、ナマもうひとつね」

「お、なっちゃん今日もかわええなぁ」

店員さんを名前で呼び、

「ここのナマ、おれホンマ好っきゃねん」

と破顔で、ふたたびジョッキをくいーっ。

強面（こわもて）で装いはジェントルマンだが、関西人らしい「茶目っ気」や「笑かしてナンボ」の精神に、どこか芝居がかった所作。なんとも振り幅が広そう。それが第一印象だった。


挨拶すると、いやあ、嬉しいな、「おじさま酒場」に出られるなんて。あれ読んでると呑みたくなるねん。登場するおっさんたち、みんなええ味出しとんねんもんなあ。また絵がいいよ、オレたちの哀愁がにじみ出てる。彼女が描いてるの？　めっちゃイメージどおりのおねーちゃんや（どんな？）。

とりあえず、呑もう。何にする？　ビール？　せやなせやな。あんな、この店のナマ、めっさ旨いねん。神泡超達人（サントリーの講習を受け、一定の条件をクリアした店だけに認められる）が注いでくれるんやで。


おじさんは矢継ぎ早にいうと、目尻をくじらのように下げて、わたしたちのジョッキにぐいっと自分のジョッキを合わせた。

「コマイある？　それともつ煮シチューとガツしょう油、あとシロタレね。全部三本ずつで。あ、女性は野菜も食べたいやろ。ここのポテサラ、ちょっと変わってんねん。食べてみてや」と素早く注文。

「ほんで、ナマね」。自分の追加ビールも忘れない。

強面もジェントルマンも吹き飛んだ。ようし。今日は大船に乗ったつもりで身を預けよう、この愉快なお祭りおじさんに。

店の自慢は、すぐ近くの芝浦食肉市場から毎日仕入れる新鮮なもつ。とくにもつ煮シチューは、店主・石田亘さんが「定番のもつ煮で、ほかにない個性を出したかった」と力を入れる一品。牛すじ、豚ホルモン数種を丁寧に下処理し、香味野菜でとったスープにトマト、デミグラスソース、赤ワインなどを加えた洋風仕立て。やわらかで軽みを感じる風味は、この店の若々しさを物語っているようで、老舗酒場にはない味だ。若い女性にも人気というのがうなずける。

「コマイはワタルくんの実家、北海道根室から直送してもろてるんやて」

手づかみでかぶりつきながら、おじさんが教えてくれる。わたしたちも同じように素手でがぶり。コマイは漢字で氷下魚と書く。いかにも北の魚という名前で、噛むほどに北海道の凍てつく寒風にさらされ閉じ込められていた旨みが立ち上がってくる。

串焼きのガツしょう油は、おじさんをはじめとする常連が試作段階で味見し、タレより断然醤油が旨いと推したメニュー。焼けた醤油の香りが、酒飲みにどストライクの味だ。

ピンのオープンは二〇一一年四月。

東日本大震災の影響で人々が呑み歩くのを控えていた時期と重なり、当初は苦戦した。だが、こんなときだからこそお客に喜ばれるメニューづくり、店づくりに磨きをかけようと奮起したのだという。

当時を知るおじさんは、「頑張れよ」の気持ちで毎日のように通っていた。自身も会社を経営し、商売の厳しさを肌身で知るからこその応援だった。店の努力とそれを支える客の後押しが実を結び、ほどなく繁盛店に。「常連客のみなさんが、いつまでも気軽に通える店でありたいから」と予約はとらないそうだ。

「まじめに仕事をしていれば、客はかならず見つけてくれるんだよな」

おじさんがしんみりとぽつり。

「おじさん、おしゃれですね」

そして、あらぬ方向から矢を飛ばしてくるのが絵描きの自由さ。るみ画伯の興味は関西弁でも人情噺(ばなし)でもなく、おじさんのファッションセンスにあったようだ。

時計はどこの？　そのベストはオーダーメード？　カフスなんかいつもしてるの？

あ、シャツにミッキーの刺繍があしらわれてる！

自分がこだわっているディテールを次々に指摘され、呑めば呑むほどにおじさんのテンションはうなぎのぼりに急上昇。いまや眉毛はハの字だ。

そこで出たのが、冒頭の「審判」話。

高校時代はソフトボール部だった自分。もちろん審判は見たことあるけど、〝本物の〟といわれたら……と答えに窮していると、おじさんがやにわに立ち上がった。

さっきまで嬉しそうにビールをぐいぐい呑みながら、

「お、あっこにカワイコちゃんいるやん」

「ヤマダちゃん、一度きりの人生、本気の恋せな！」

「人生、いい酒、いい車、いい女や！」

などと関西人丸出しだったのに、一転、真剣な表情だ。

いったい何がはじまるのだろうと、ふたりで黙って見ていると——。

おじさんは腰を低くかがめ、ひと呼吸。

「ストライッ！」

握りこぶしを天に突き上げ、気合い満点のパフォーマンス。わたしたちが唖然としているのにもかまわず、

「セーフッ！」

「アウーーッ！」

キレッキレのアンパイアを実演披露。驚いたまわりのお客さんたちも、なんだなんだと振り向いて注目している。

「これが審判ちゅうもんですわ」

おじさんは満足そうにいった。乱れた服装を調え、薄い髪をひと撫でると、何事もなかったかのように席に着いて、ふたたび飲みはじめる。

たしかに〝ホンモノ〟感ありましたけど、なぜに審判？聞いてみると、少年野球の監督として、毎週末、地元の子どもたちを指導しているという。どうりでよく陽に灼けているわけだ。上目遣いにわたしたちの顔を見比べ、

「どう、ネタになりそう？」

カッチリ決めた服が乱れるのも、周囲から好奇の視線を浴びるのもかまわず演じてくれた審判芸は、ネタの提供だったのですね。

酒席は五時間に及んだ。その間、初体験の思い出から綱渡りの人生経験、道外れた恋路まで、おじさんは惜しげもなく打ち明けてくれた。

全身全霊のサービス精神。

それが「おじさん」を象徴するひとつの特性だと常々わたしは思っているが、その意味において彼は正真正銘、ホンモノのおじさんであった。

お店のこと

大衆酒場 Ping

五反田駅西口近くの歓楽街でいちばん活気ある店。若くて元気いっぱいな店員さんたちによる接客の気持ちのいいことといったら！　芝浦食肉市場から毎日仕入れる新鮮なもつは、もつ煮シチュー（550円）に串焼き１本100円～と、どれも丁寧な仕事ぶりが伝わる味。プレモル生500円～、樽生ワイン（白・赤）各450円、ホッピーセット450円など。関西弁で店員さんを名前で呼ぶおじさんがいたら、今日の主人公にちがいありません。●東京都品川区西五反田２－４－６●電話：03（3492）1337

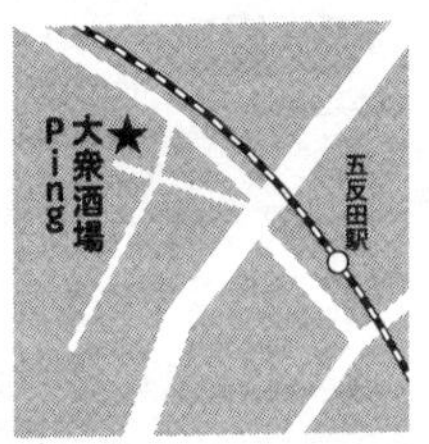

22

コマネチおっちゃん

QBBチーズとコップ酒

[稲田酒店・天満]

大阪天満は呑兵衛たちの別天地。
天神橋筋商店街をずいっと北上、
やってきたのは立ち呑み角打ち。
コテコテおっちゃんたちの熱と圧に
大阪に来たことをひりひり実感。
もらった一片のチーズにほだされつつ、
ボケとツッコミでじゃれ合う
男同士のいつか見た景色に和む夜。

日が傾きかけた時分。ランニングの格好でコンビニに立ち寄り、仕事の書類を宅配便に出すと、そのまま走り出した。冬のはじまりを思わせる冷たい空気が首元を通り抜けていく。鎌倉の自宅から七里ヶ浜までの海岸線を往復する七キロメートルほどのコース。折り返しの七里ヶ浜海岸駐車場で、サッカー部の高校生たちとすれちがう。「よせよ」「いてっ」ボールを蹴りながら男の子たちはまるで子犬のようにじゃれ合っている。青春の眩しさに目を細め、走りながら、あれ、となった。同じような光景をどこかで見たことがあるような……。視界の先に浮かび上がる江ノ島を眺めながら記憶をたぐり寄せると、大阪で出会ったふたりのおじさんのことを思い出した。

大阪駅から環状線外回りでひと駅の天満駅。改札を出ると、いきなり昭和が匂い立つ路地に放り込まれた。「ここ、日本一長い商店街なんやて」。石垣島出身だけど天満生まれの夫を持つ五つ年下の友人は、大阪に来ると関西弁になるらしい。わたしたちはどこまでもアーケードが続く天神橋筋商店街を歩きはじめた。

二日後に開催される大阪マラソンに出場する彼女の夫を応援するという名目で、大阪へ呑みにきたのだ。生粋の天満人にその深部を案内してもらえる！　勇み足で向かうと、待っていたのは、ギンガムチェックのボタンダウンにポシェットを斜めがけしたガーリーな彼女ひとり。なんでも、「あそこは男が混ざらんほうが絶対楽しいから」と夫は遠慮したのだとか。天満男の助言、きっと何かあるのだろう。

「特売‼」の文字が躍る雑然としたドラッグストア、「生ビール１杯目１００円！」の看板に驚愕の串カツ屋、不気味な柄ｏｎ柄のセットアップやブラウスが並ぶ婦人服店、ソースの香りをただよわせ店頭でジュウジュウやっているたこ焼き屋……。チェーン店ばかりのつまらない街並みになってしまった東京とはちがい、大阪はひと駅ごとにまったく異なる表情があって、全身がアンテナになる。まちが放つ強烈なエネルギーにゾクゾクしながらたどり着いたのは、店頭に酒の自販機が並び、瓶ビールや一升瓶のケースが積まれている「稲田酒店」。

藍暖簾の掛かる店内は開け放たれており、紳士諸君の足が何本ものぞいている。

「酒屋さんがやってる角打ちで、西の日本酒が豊富なの」

ガーリッシュなファッションと裏腹に、呑み屋ではグラスを握っていないと落ち着かない彼女（わたしはひそかに、小さいおじさんと呼んでいる）が説明する。

天満は夜の七時。暖簾をくぐると、芋洗い状態の銭湯さながらの熱気。実際、ひとびとが発するのか、店のおでんの湯気なのかわからないが視界が曇っている。

右側に一〇人以上は立てる年季の入った木製のカウンター。その内側では、エプロン姿のねえさん三人が、大鉢からお総菜をよそったり酒を注いだり、忙しそうに立ち働いている。入口の左手には日本酒の一升瓶がずらり貯蔵された冷蔵庫があり、酒屋の前掛けをした体格のいい兄貴が客に酒の説明をしている。客たちはねえさん前のカウンターと左スペースのテーブルに鈴なり状態だ。

入れるすき間はないかと首を伸ばして見ていると、奥からキャップを被ったおじさんが「こっち、こっち」とばかりに手招きする。おかげで、かろうじてふたり立てるテーブルを確保できた。

おじさんにお礼をしつつ、ふと考えた。やっぱり大阪人に〝おじさん〟は似合わない、と。大阪の〝おばちゃん〟同様に、出会ったその瞬間から半径三〇センチまで物理的・心理的距離を縮めてくるノリのよさと、切れ味鋭い笑いのセンスは、〝おじさん〟などというかしこまった呼称ではなく、〝おっちゃん〟がぴったり。相手との距離を感じる〝さん〟より、半径三〇センチの関係は、やっぱり〝ちゃん〟だなと、ひとりで納得する。

「なに呑む〜?」エプロンで手を拭きながら訊くおばちゃん、失敬、ねえさんに瓶ビールを所望すると、「キリン、アサヒ、サッポロ、サントリー、ひと通りあるわよ」

さすが酒屋。サッポロでというと、「黒?　赤?」。黒ラベルとラガーの赤星のことだ。赤星を選ぶと、さらに「あとで日本酒、呑む?」と顔をのぞき込んでくる。うなずくと、満足そうに微笑み、ビールを取りにいった。

「日本酒推しなんだね。酒にすりゃよかったかな」

赤星で喉を潤しながらいうと、「でも、やっぱりビールからはじめたいよね」と軽装な友人は、斜めがけポシェットのままおいしそうにビールを呑んだ。小さいおじさんはさすが場慣れしているわ。

ふと視線を感じて顔を上げると、ねえさんたちが働くカウンター側に据えられたビールサーバーをテーブルがわりにチューハイを呑んでいる五〇歳前後と思しきおっちゃんが、こちらをニコニコと見ていた。目が合うと、待ってましたとばかりに一歩踏み込んで、「オネーさんたち、なに、女子会？」と声をかけてきた。

胸元にレッドブルの闘牛二頭がプリントされた白いTシャツに、ゴツいネックレスとピアスに指輪。ジーンズの足元は真っ赤なプーマ。髪はツンツンに立てていて、見た目は間寛平をちょいとイケメンにしてひとまわり若返らせた感じ。

（年齢的には婦人会なのだけど……）と思いながら、「まぁ、そんな感じです」。

「なんや、相方エリンギみたいやんか」と友人に向かってツッコむ。ぱっつん前髪のマッシュルームカットの彼女をいじらずにはいられないらしい。「きのこはよくいわれるけど、エリンギは初めてや〜」。えへへと照れ笑いの友人。嬉しいらしい。

「見かけん顔やけど、大阪人かいな?」

「わたしの旦那さんが天満の人で、住まいは東京。彼女は鎌倉から」

「シュッとしてはると思うてたら、やっぱり関東のねえちゃんたちやったか」

反応したのは、わたしたちを導いてくれたおっちゃん。キャップに黒いヤッケという出で立ちで、筋肉質のレッドブル氏と同じく上背がある。六〇代半ばかな。ヤッケのおっちゃんは、わたしの知らない鎌倉の神社仏閣の名前をすらすらと挙げて、「行かはった?」

首を振ると、「なんや、鎌倉住んどって、もったいないな」といって、こんどは「あんたら京都は行かへんの?いまやったら西本願寺の国宝、飛雲閣が一般公開されてるで」

京都にも詳しいらしく、妙心寺、大徳寺、東求堂と京都の寺院の説明をはじめた。

「いや、わたしたちは大阪マラソンの応援に……」と口を挟んでもおかまいなし。どこそこの○○が拝観できるのはいまだけやで、と両手を胸の前でもみ合わせ、長い睫毛の下で瞳をキラキラさせ熱弁を振るう。

舞台を奪われたレッドブル氏、じりじりと形勢逆転のタイミングを狙っていたが、とうとう痺（しび）れを切らしたのか、唐突に前にしゃしゃり出て、「コマネチ！」。は？ わたしたちが戸惑いの薄笑いを浮かべると、ヤッケのおっちゃんも負けずに「コマネチ！」。ドヤ顔だ。外股のそけい部にV字にした手を当て、ふたりでポーズをとっている。たけしのモノマネ？ わけがわからずにいると、「東京いうたら、コマネチやろ～」。

呑まずについていけぬ。ビールから日本酒（友人は淡路島の都美人、わたしは鳥取の山陰東郷）に変えた。

「そない呑んどって、なんも食べへんかったら酔うてしまうで」

ヤッケのおっちゃんにいわれて、何かつまもうと品書きを探すが見当たらない。

「これ、食べや」とレッドブル氏が枝豆の皿を差し出した。さらに、どこから取ってきたのか、「剥いてやんで、食い」とQBBチーズの銀紙を半分剥いて、ひとつずつ手渡してくれる。きゅん。なんということか。おっちゃんにチーズを剥いてもらったわたしは、うっかりトキメいていた。いいんですか、ありがとうございます。そういおうとすると、「かまへん、かまへん。なんぼでもないさかい」とゴツいシルバーの指輪をした右手を左右に振って、食べろと促す。「じゃあ、遠慮なくいただきます！」

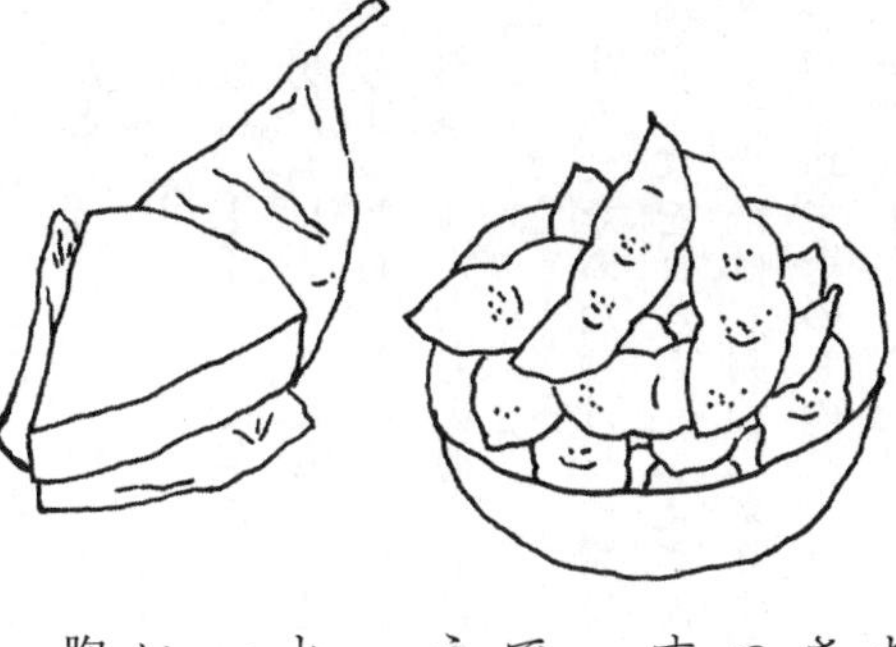

　わたしたちは三角形のQBBチーズを齧り、冷凍ものではない茹であげの枝豆をつまみに、日本酒をさらにもう一杯ずつ追加した。

　レッドブルとヤッケの弾丸トークはその後も留まることを知らず、わたしたちはただただ相づちを打つのに精一杯。片方のボケにもう一方がツッコミを入れつづけている。「なんやねん」「アホか」。ふたりは肩を摑んだり胸を叩いたりと仲が良い。

「テラさん」「ツジちゃん」と呼び合っているから友だ

ちかと思っていたが、そうではなく、ときおりこの稲田酒店で顔を合わせる客同士なのだという。

それにしても、わたしたちを笑わせようと競い合ってコマネチを連発し、じゃれ合う姿は、七里ヶ浜で見たサッカー部の高校生たちとなんら変わらなかった。男たちはいくつになっても少年で、愛すべきアホで、無邪気なのだなー。

「ちょっとあんたら、ええ加減にしぃや。ねーさんたちの邪魔してんやないの！」

おっちゃんたちの悪ふざけを見かねた店のねえさんから喝が飛んだ。

「しもた」

叱られたふたりは、一瞬にして黙り、わたしたちに「堪忍してや」と片手でごめんのポーズをとると、ねえさんたちに向かって「えらいすんまへん」と頭を下げた。

その様子は、調子に乗りすぎておかんに怒られ、バツが悪そうに縮こまっているワンパク坊主そのものだった。

天満男子が、ふたりで行ってきぃや、といった理由がようやくわかった。ここに彼が加わっていたら、こんなに愉快な体験はさせてもらえなかったにちがいない。

お店のこと

稲田酒店

天満橋筋商店街から天五中崎通商店街（地元民は“天五”と略す）に入ったところの角打ち。日本酒がとにかく豊富で、特に西日本の、東京では見かけない地酒が多い。1杯（100*ml*）390円〜。手づくりのお総菜も豊富。界隈のサラリーマンや年金暮らしのおっちゃんのほか、日本酒好きの女性も多い。カウンターには立派な生け花が飾られ、おねえさんたちの細やかな気配りもあったかい、ほがらかな角打ち。女性のひとり呑みにもおすすめです！●大阪府大阪市北区浪花町6－4●電話：06（6371）0636

23

舌べろチロりなおじさん

秋刀魚の寒干しと地酒

[賀楽太・伊豆急下田]

男はひとり黙って呑むもの——
大好きだった祖父がそうだった。
その認識をある日、劇的に変えてくれた
下田名物「マシンガンおじさん」。
女将さんが元同級生の気安さか、
美味なる日替わり酒肴の後押しか、
るみ画伯にロックオンしたおじさんは
今宵もおしゃべりに淀みなし！

　夏の海水浴場、伊豆下田。光に満ちた賑わいのなか、おじさんがひとりぽつんと岩場に腰掛けている。海水パンツに生白い裸の上半身、くたびれた肌の質感から推定五〇代。いっしょに来た家族とは離れ、ぼんやり海を眺めている。

その哀愁ただよう背中から目が離せなくなり、当時、美大生だったなかむらるみはスケッチブックにペンを走らせた。「老人と海」ならぬ、「おじさんと海」。ふるさとの小さな浜辺で目にした光景が、ベストセラー『おじさん図鑑』の原点となった――。

以前この話を本人から聞き、彼女との縁の深さを思った。なぜなら、わたしも下田の出身であり、「酒とおじさん」の両方に興味を持つようになったのも、思い出のおじさんが下田にいたからだった。

　思い出のおじさん。それは我が祖父である。

　じいちゃん子だったわたしは、放課後ランドセルを背負ったまま、よく祖父母の家に遊びにいった。当時、還暦少し前だった祖父は、相撲と酒が日々の楽しみで、夕方になると近所の魚屋まで原付バイクで出かけ、よさそうな刺身をいくつか選ぶと、祖母に晩酌の支度をさせる。テレビの相撲中継を観ながら畳にあぐらをかき、脇には一升瓶。湯呑みで手酌酒を呑りながら、好物のマグロブツや〆鯖をつまんでいた。

ときには、小学生だった孫を連れて寿司屋で呑むこともあった。祖父はカウンター席で隣にわたしを座らせ、海苔巻きを頼んでくれる。自分は刺身やとこぶし煮を肴に徳利酒だ。祖父はただ黙って酒を呑んでいた。

家での晩酌。寿司屋での所作。その記憶からは「静謐（せいひつ）」という言葉が浮かぶ。

初めて接した酒場のおじさんが祖父だったわたしは、のちに自ら酒場通いをするようになってからも、酒呑みというものは、ひとり黙々と盃を乾かすものなのだと思い込んでいた。口から生まれたに相違ない、あのおじさんを下田で知るまでは……。

「ここは最高の止まり木なんですよ。旨い料理といい酒があって、我々地元民はもちろん、観光客も訪れる。人生いろいろな人たちとのおしゃべりが楽しくて、酒がますます進んじまう。かよちゃん（女将の愛称）もほら、いまはこうだけど若いときはかわいかったんですよ。このひとのこと、小学生のときから知ってますから」

るみ画伯といっしょにお互いのふるさと下田で呑もうとやってきた「賀楽太（がらくた）」。帰省のたびに寄らせていただいている。「ただいまー」となかに入ると、ここで何度かお会いしている常連のおじさんがひとりで日本酒を呑んでいた。わたしの隣に初めて見かけるお嬢さんがいるのがわかると、嬉々としてマシンガンのように話しかけてきた。

おじさんの勢いに驚いた画伯が、小声でわたしに聞く。

「すご〜。いつもこうなんですか」

「うん、ちょっと騒がしいけど、面白いおじさんだよ」

かよちゃんから静岡県でしか呑めない生ビール、静岡麦酒のジョッキを受け取りながら、マシンガントークおじさんに聞こえるようにいった。

マシンガンおじさんが同級生だという女将かよちゃんは、下田生まれの下田育ち。ふたりの子どもを育てあげ、人生の折り返しを迎えたころ、これからは自分の好きなことをして生きていこうと居酒屋をはじめた。二〇年前のことだ。下田の女は気が強いといわれるとおり、かよちゃんも客を甘やかしたりはしない。ただ、愛情は海のように広くて深い。彼女にだけは気を許して男泣きするおじさん、かよちゃん会いたさに新幹線に乗って通い、賀楽太で過ごす時間で元気を取り戻すと、ふたたび東京砂漠に戻る若い女性もいるという。

「だまらっしゃい！」。見かねたかよちゃんが制したけれど、マシンガンおじさんは、「まあいいから、いいから」と、るみ画伯に向かって身を乗り出していく。

「あんたのこと知ってますよ。『ビッグコミックオリジナル』の連載（「なかむらるみのかわいい⁉おじさん」）、あれ面白いねえ。ワタシの場合、かわいいおじさんじゃなくて、へんなおじさんだけど。ワハハ」

「ちょっと、えーちゃん。ふたりで来てるんだから話しかけるんじゃない！　ほんとにしゃべろくなんだから」

もう一度かよちゃんが叱りつけると、「ごめん、つい」。自分のおでこをぺしりと叩く。正面に向き直ると、おとなしく手酌酒に戻った。

えーちゃん、六八歳。おてんとさまが高いうちは畑仕事に精を出し、ひと風呂浴びて早い時間からはじめる晩酌が何よりの楽しみ。じいちゃん贔屓の愛犬と孫のおかげで、家庭にも居場所アリ――。すべては過去、賀楽太でご本人から聞いた情報である。同じ〝えーちゃん〟でも、あの矢沢永吉とは真逆の三枚目だ。彼と何度かここで会ううち、「男は黙って酒を呑め」ばかりがおじさんの世界ではないと認識を改めた。

この店を知ったのは、五年ほど前。地元誌の取材でるみ画伯と訪れたのが最初だった。伊豆急下田駅から中心街へ歩くことおよそ五分。緑いっぱいの鉢植えが店先を飾り、真っ白な提灯が温かくまちを照らす一角がある。漏れ聞こえる陽気な笑い声に「どうぞ、入らっしゃいよ」と手招きされて暖簾をくぐれば、地元の年寄りも若い衆も旅人も、みんな上機嫌に酒を酌み交わしている。

いつ訪れてものびやかな空気が流れているのは、女将かよちゃんの人柄と、彼女を慕って集まる客たちの風通しのよさゆえだろう。おおらかで、何かめでたい気分になる、宝船のごとき我がふるさと酒場だ。

賀楽太には品書きがない。毎日地元の野菜市場や鮮魚店、精肉店で季節のものを仕入れるほか、店主自ら山へ、磯へと入り、収穫したものでその日の料理が生まれるからだ。運がよければ、伊勢海老やアワビ、猪や鹿の肉といったご馳走にありつけることもある。「ほれ、これでしっかり稼げよ」と、くねくね動くアワビが、よく陽灼けした海の男から届けられたこともあったっけ。到来物は、食べものばかりではない。

賀楽太の店内は、店主が自宅の庭から手折ってきた野の花があちこちに生けられているが、あるとき見事な枝ぶりの梅や小手毬を手に、「店に飾るといいだら」とやってきたハンチング帽のおじさんがいた。その人こそ、初めてお会いしたえーちゃんであった。

「このひと、同級生」。かよちゃんから紹介されて、同級生の店にお花を届けるなんて素敵なおじさま！　と例によってちょっと惚れかけたが、呑みはじめると、しゃべる、しゃべる。畑の話、孫の話、ペットの話、山登りの話、フェイスブックの話……。

こちらが元気なときはいいのだが、疲労困憊した夜に一度だけ、彼のおしゃべりを遮って「少しひとりにさせてくれませんか」といってしまったことがある。そのときも、やっぱりおでこをペシリと打ち、「こりゃ悪かった」。ところが五分もしないうちに、「そんでさ、」とふたたび口を開いた。しゃべりたくて仕方がないえーちゃんは、口にチャックが締められないらしい。こんなおしゃべり好きなおじさん初めて。わたしは可笑しくて、白旗をあげた。以来、彼に会ったら物思いにふけることは放棄し、終わりのないおしゃべりにつきあおうと腹を決めた。

しかし今宵は、るみ画伯がいる。えーちゃんもわたしとの慣れた会話より、いくつになってもおぼこい彼女に聞いてもらうほうが楽しかろう。しめしめ。これでかよちゃんが次々出してくれる料理に集中できるぞ。悪いが会話は相棒に任せるとしよう。

「寒いだらぁ」。かよちゃんが最初に出してくれたのは、出汁だっぷりの具だくさん茶碗蒸しと湯気のたったおでん。ふうふうしながらほおばると、冷えた体が芯まで温まる。そして下田の冬の風物詩、秋刀魚の寒干し。冷たい風が秋刀魚をおいしくするとかで、このあたりでは、冬になると街角のあちこちで秋刀魚を干している風景を目にする。凝縮した旨味、わたの苦味が日本酒を誘う。下田の地酒、黎明をいただこう。

「今年もさぶ〜い寒干しの季節がやってきたね」

かよちゃんと話していたら、えーちゃんに肩をつつかれた。

「彼女、結婚してるんだってね。驚いた」。そうですよ、画伯は童顔ですが、人妻なんです。あちこちの酒場で何度も繰り返されてきたシーンである。いつもなら、勘ぐられる前に「こちらは独り身ですけど」と自ら正体を明かすところだが、もはや酒呑み友だちともいえるえーちゃんは、わたしが嫁にいかないことなど百も承知だ。

「こんなにたくさん呑んで帰って、奥さんに怒られないんですか」

人妻るみは鋭かった。

えーちゃんはじつにおいしそうに日本酒を呑む。ごくごく呑むから、すぐ二合片口は空っぽになり、「もう一杯」と店に断って自分で冷蔵ケースから好きな酒を取りだし、片口をなみなみと満たす。その繰り返し。かよちゃんが「もうやめときなさい」といさめなければ、永遠に呑んでいるのではないかと思うくらいの底なしだ。それだけ呑めば、どんなに賀楽太が良心的な価格だといっても、勘定は安くは収まらないだろう。

「怒られるもなにも。うちの奥さんは勝手にすれば、ってなもんですよ。家でワタシになついているのは、孫と犬だけ」

かわいい人妻を相手に会話も弾んでいるようで、えーちゃんの呑むペースは昇り龍。このおじさん、酔うと舌を出しながらしゃべるのだが（饒舌とはまさにこのこと）、見ると、チロリチロリ、やっぱり今夜も舌がのぞいている。わたしたちが来る前から座っていたので、かなり呑み進んでいるにちがいない。

「さみしくないんですかぁ」。人妻るみの問いに、えーちゃんは急に背筋を伸ばすと、神妙な顔つきになり、いった。

「さみしくはない。しかし男六八歳……願望は、ある！」

宣言するかのような力強い口調。願望って、なんの？　突然の主張に面食らっていると、生ビールばかりぐいぐい何杯も呑みながら、張りのある声でかよちゃんと談笑していた別のおじさんが会話に加わった。

「そーだ、そーだ。いいぞ、えーちゃん。ぼくなんか（股間を指さして）こっちの手術をしたもんだから、まったく使いものにならない。「後期高齢者のおじいなんだからいいじゃない」と家族はいうけど、そういうもんじゃない。オトコとして役立たずな自分、さみしいもんですよ」。

……おじさんについてまたひとつ、学んだ夜でありました。

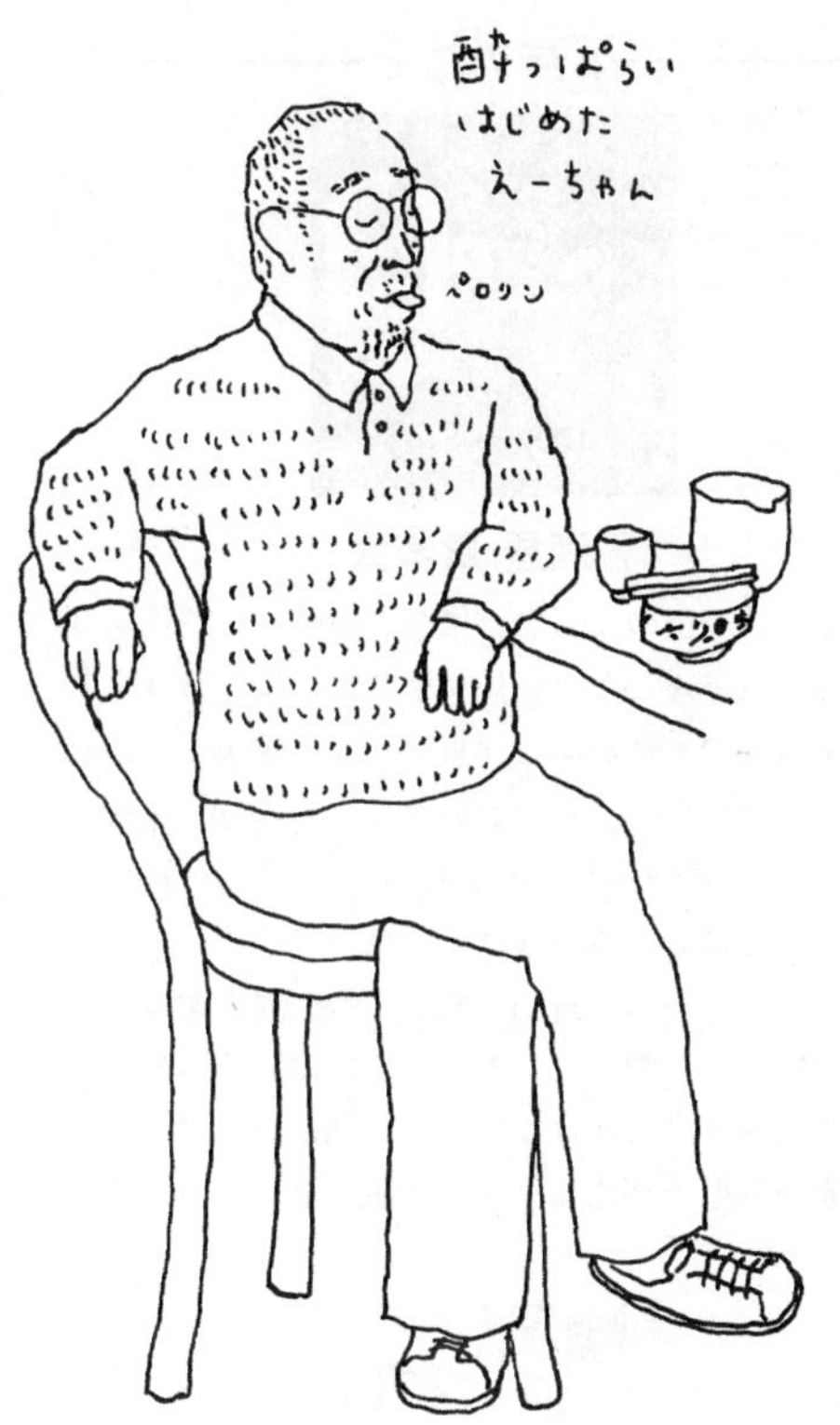

マシンガントークが聞こえなくなったなあと
見てみると、ペロリンペロリンがはじまっていた。
ちょっとウトウト…。でもまたすぐ復活!!

お店のこと

居酒屋 賀楽太

開国の港、下田のまちなかに夜ごと賑わう酒場あり。女将かよちゃんこと土屋佳代子さんが切り盛りする定員十数人の小体な店ながら、地元の重鎮から、女将に「子どもたち」とかわいがられる若者、旅人までさまざまな酒徒たちが集う。「おなかすいてる？」からはじまる料理は、伊豆の海の幸、山の幸の瑞々しさにあふれ胃袋が歓喜する。賀楽太の料理はほぼすべて日替わり。下田の地酒はじめ、静岡の日本酒各種。品書きはないが良心価格なのでご安心を。●静岡県下田市１－20－20●電話：0558（27）2312

伊豆急下田駅
中島橋
下田市観光協会
稲生沢川
賀楽太

24

汽車呑みおじさん

ちくわキュウリと缶ハイボール

[東海道本線ボックス席・大船〜熱海]

花見、忘年会、焚き火、旅。
呑みたくなる場所数あれど、
酒は列車に揺られて呑んでこそ！
熱海行きのボックス席に陣取った
おじさん４人組も発車オーライ。
持参のつまみを振る舞いながら
いつしかあふれでる大切な家人への想い。
嗚呼、ロマンチックジャーニー。

大型連休を控えた週末、朝の東海道本線。行楽客の混雑を避けて、大船から先頭車両に乗り込む。空いていた四人掛けのボックス席の窓側に座り、まもなくオープンする自分の店の案内状を書きはじめた。

「ほれ。酒はまだまだあるから遠慮なく呑めよ」

「えー、いいのかな。着く前にできあがっちゃうぜ」

「いいんだよ。旅ってのはそういうもんだ」

「うん、そうだな。呑もう呑もう」

プシュッ。プシュッ。プシュッ。プシュッ！

缶を開ける景気のいい音が通路を挟んだ隣のボックス席で響いた。思わず便箋から顔を上げて見ると、頭の薄くなったおじさん四人組が仲良く膝を突きあわせ、そろって宝焼酎ハイボールで乾杯するところだった。缶を持つめいめいの手首にはゴミ袋がわりのコンビニのポリ袋が。頭上の網棚には小ぶりのデイパックが身を寄せ合っている。箱根か伊豆あたりへ男同士で温泉旅行といったところだろう。年格好から、定年を迎えたばかりとかかかな。

「旅の道中には、こういう何でもないものがいいんだよな」

いいながら、窓側のおじさんがちくわの敷き詰められたタッパーのふたを開けて仲間に差し出した。ちくわの穴にキュウリを詰めたアレだ。食べやすいように一本を三分の一にカットしてある。奥さんが持たせてくれたのかしら。いや。案外、男性のほうが几帳面だったりするから、自分で準備してきたのかもしれない。ちくわキュウリをもぐもぐ。宝ハイをぐびぐび。天下泰平ののどかな光景を盗み見ていると、手にしているのがコーヒーなのが悔やまれた。あー、わたしもビールにすればよかった。

ちくわキュウリのおじさんは、幸せの神様として関西圏で知られるビリケンにちょっぴり似ている。小鼻がくいと上向いていて尖った頭のてっぺんに申し訳程度の毛がひゅるり。

「これもイケるぜ。アメ横でいつも買うんだ」

ビリケンおじさんの斜め向かい、わたしにいちばん近い席のおじさんが、ガサゴソとポリ袋から何某(なにがし)かを出すと、とたんにあたりがイカくさくなった。さきいかか。ずんぐりとした体格でつばの短い象牙色の帽子、ポッケのいっぱいついたベストを羽織った出で立ちは釣り師を思わせる。

「やわらかいな、このさきいか。おいらでも食える」

嬉しそうに齧(かじ)っているのは、イカおじさんのお向かいさん。耳に補聴器が見える。かたいものが嚙み下しにくいお年頃。うちの父も、歯ごたえシャッキリがおいしい野

菜もくたくたに煮ないと手をつけない。

「だろう？　歯が悪い年寄りでも囓れるイカをくれっていったらこれだって。生乾きだからしっとりしてるとかいってたぜ」

イカおじさんが手柄を説明する。

「こっちも食べてみてよ。手前味噌じゃないけどさ、この味噌、上品で旨いんだ。塩分抑えてあるから、血圧気にせずに好きなだけつけたらいい。ワハハ」

わたしの席からはよく見え

ない窓側進行方向席のおじさんがキュウリを一本ずつみなに配給し、タッパーの味噌を勧めている。四人とも宝ハイはとっくに空になり、サッポロ黒ラベルのロング缶にとりかかっていた。

おじさんたちのワンボックスはさながら移動酒場。イカと酒のにおいを振りまかれ、迷惑そうな乗客たちの冷ややかな視線も気にせずに、赤ら顔で〝オレたちワールド〟を繰り広げている。

いいじゃないか。大賛成。こちらも旅に出たなら、寸暇を惜しんで呑んでいたい口である。移り変わる景色や、乗っては降りていくひとびとをぼんやりと眺めながら缶ビール。これに尽きる。旅は道連れ、世は情け。そしてもうひとつ、旅にも世渡りにも酒が道連れだとなおのこと行く道々心強いってもんだ。

大酒家として知られた作家の吉田健一も酒を道連れにした旅人だった。列車に乗り込むや、持ち込んだビールやシェリー酒を呑み、それがなくなると停車駅のホームでビールを買い求め、目的地まで酒に浸っていたという。その様子をこう記している。

「汽車がごとごと、ビールをがぶがぶ。汽車が駅に止る。ボーイさん、すまないけれど又ビールを買って来て下さい。——どうも有難う。いや取って置いて下さい。発車のベル。汽車がごとごと。ビールがぶがぶ。」(「酒を道連れに旅をした話」より)

おじさんたちは、まさに〝列車がごとごと。ビールをがぶがぶ〟。かの文豪とちがうのは、酒に加えて友が旅の道連れだということだ。

鈍行列車のボックス席は大人の男が四人で座ると相当窮屈にちがいないが、おじさんたちはじつにのびやかに酒を呑み、キュウリやらさきいかを囓り、スナック菓子をポリポリつまんでいる。

「やっさん(補聴器のおじさん)は、まだフサフサだなあ。見てみろ、オレなんて」

釣りキチおじさんが帽子を取って、つるつるの頭頂部を仲間たちに見せている。ほかのふたりも禿げ話に乗っかって、オレのほうが立派だ、オレのは「外人禿げ」でモテるんだと禿げ自慢がはじまった。

〝つぎは根府川（ねぶかわ）〜、根府川〟

汽車は小田原を過ぎ、広々とした相模湾が望めるわたしの好きな区間に入った。外は春の冷たい雨が山を、海をしっとりと濡らし、すべてを霞が包んでいる。

移動酒場の仲良し四人組はといえば、そんな景色に目をやるでもなく、終点の熱海までもうひと息だというのに、

「今日はおかあちゃんいないんだから呑んでいいだろ。乾杯しよう」

「え、まだ呑むんかい！　そういわれると呑んじゃうぜ」

と何度目かの乾杯をしている。

「しかし、オレはかあちゃんのおかげでこうしていられるんだなぁって、このごろつくづく思うんだよな」

「ホント、そうだよ。家のこと、子どものこ

と、みんな任せてきたもんな」

「だってよ。オレたちがこうやって自由に旅行できるのも送り出してくれるかあちゃんがいるからだよな」

——ここに奥さん本人がいたら、おじさんたちは面と向かって同じセリフをいえただろうか。言葉を頼りに生きている女とは異なり、たいていの男はそんな直接的な表現を好まないにちがいない。気を許した友人の前、酒の力と旅の高揚感とが手伝って、ふだん言葉にしない素直な気持ちが口をついて出たのだろう。

旅と酒と友。心がほどけるなによりの材料だ。

気恥ずかしくていえない気持ち、メールでも一度書いては消してしまう言葉を、いまこそいってしまおう。そんなややこしいことを汽車呑みおじさんたちが思ったかどうかは知らない。が、湯河原を過ぎ、さあ終点熱海だと網棚からザックを下ろしていると、ビリケンおじさんの声がした。

「オレからひと言。こうして四人で旅ができることに感謝。みんなありがとう」

旅はこれからだというのに、なんともオセンチなご挨拶。さっきまでの騒々しさはどこへいったのか、みんな感傷的な面持ちでうなずいている。酒がだいぶ入って、男性特有のロマンチシズムが顔をのぞかせたようだ。

尖った頭が赤黒く光りはじめたビリケンさんをまじまじ見ると、初めて目が合った。

「あ、うるさくてごめんよ」

「いえいえ。お仲間でご旅行、楽しそうですね」

「えーなんだよ、声かければよかった。シャイだからさ、オレ遠慮してたんだ。いっしょに呑んだのにー」

それまでよく見えなかった進行方向窓側のおじさんが初めて顔を出した。「どこに行くの。ずいぶん大きな荷物だね」

下田で地元食材を使った小さなお酒の店をはじめる話をかいつまんで説明すると、

「『かもめ食堂』みたいな話だね〜」

群ようこ原作、荻上直子監督の映画で、主人公の小林聡美が東京で働いていた会社を辞め、フィンランドで食堂を開く話だ。

「よくご存知ですね。わたし好きな映画です」

「なんとなく、あんな雰囲気のお店かなって想像したんです」

ほかの三人は、なんの話だ？　とぽかんとしている。そうこうするうち、終点の熱海に着いた。

「お別れですね。ご旅行、楽しんでください」

「きみも頑張って。そのうち下田に遊びにいったら寄らせてもらうよ、かもめ食堂」

ほんとうの店の名前は「Ｔａｂｌｅ ＴＯＭＡＴＯ」というのだけれど、おじさんたちの記憶には、きっと港に飛び交う〝かもめ〟の姿が残ったにちがいない。伊東の温泉ホテルに泊まるという彼らは、かれこれこうして四人で二四回の旅を重ねてきたそうだ。

「次回は、じゃあ下田だな！」

そういって別れた幹事のＫさん、憶えていますか。

かもめの似合う小さな港町、下田でお待ちしています。

お店のこと

東海道本線ボックス席

東海道本線は東京から神戸までを結ぶ日本の大動脈として、新幹線が開通するまで本当に多くの旅人たちを運んできた路線。いまもその活躍は変わらないが、最近では、ボックス席でお酒を飲むことに意外な風当たりもあるようだ。仕事帰りの通勤客ならいざ知らず、列車の旅にお酒はつきもの。周囲に迷惑をかけない程度に楽しみたいものです。●JR大船駅〜熱海駅●電話：なし

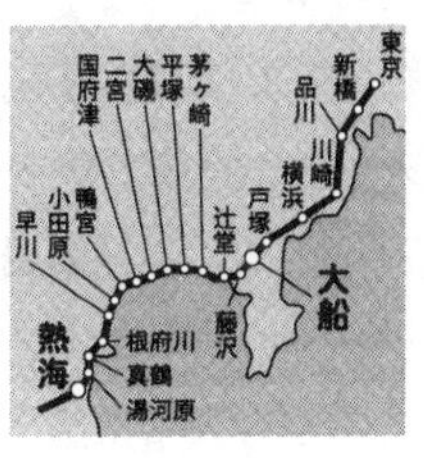

25

茄子おじさん、ふたたび

おからと大徳利

[久昇・藤沢　※2017年に閉店]

ひとが歳をとるように酒場も歳をとる。
それが味わいや愛着になっていく。
1971年創業の老舗酒場で
出会ったひと、再会したひと。
小娘だったころから大事に想ってきた店で
茄子をくれたおじさんとまた呑んだ。
新しい挑戦に一歩足を踏み出す勇気と
変わらない自分を確かめるために。

シャッターが降りた張り紙の前で途方に暮れていた。

「勝手ながら、主人の体調不良により、暫くの間休業させて頂く事になりました。なにとぞご了承下さいますように　久昇店主敬白」

藤沢駅からほど近い路地に、「酒処喰処　久昇」の堂々たる看板。いったい何年、風雨に耐えてきたのであろうか。歳月の重みを感じさせる提灯とえんじの暖簾は、これぞ往年の昭和酒場の風格をたたえている。

予兆はあった。久しぶりに来店した際、大学が藤沢で、教授に連れてきてもらったのが最初でしたとご主人に伝えると、ありがとうございますと頭を下げたあと、晴れぬ顔でこうおっしゃった。

「贔屓にしてくださるお客さまに支えられてこれまでやってきましたが、いつまで続けられるか……」

縞の半纏を羽織り、店の奥から客の動静を見守る姿は、二六年前に初めて久昇の暖簾をくぐった日から変わっていない。隣で申し訳なさそうに垂れ目の瞳を伏せている女将さんの上品なたたずまいもそのままだ。

けれども、誰しも等分に歳をとる。昭和四六年創業と聞くから、おふたりとも七〇代か八〇になられたか。酒の味も、久昇の魅力もよくわかっていなかった当時二〇歳

の小娘が、こうやって酒場とそこに集まる人々のエピソードを本に書くようになるくらいだ。四六年の時は重い。

「大事な店は変わらずにそこに在ってほしい。しかし、みないつかは終わりを迎えるんだよな」

久昇が休業中であることをメールで伝えると、そんな返信があった（二〇一七年一〇月閉店）。相手は、大船の鳥恵で隣り合わせて徳利酒を酌み交わし、別れしなに茄子をくれたあのおじさんである。彼とはその後、呑み友だちになった。最初に誘われた店がほかでもない久昇だった。

あの晩、ふたりで暖簾をくぐりながら、まずは名物のおからと、これから旬を迎える鰺を頼もうと考えをめぐらしていた。

カウンターを勧められ、茄子おじさんの横に腰をおろすと、

「瓶一本と、おから、鰺たたき、頼むね」

通りがかったお給仕のおねえさんを呼びとめ、たちまち注文したのはわたしではない。「江戸ッ子は気が短ぇから、サッサッサッってな。ぐずぐずしねぇで三拍子で決めるもんだ」とニヤリ。

茄子おじさんとの酒席は、一事が万事この調子。テンポよく愉快爽快に時が過ぎていく。ビールのあとはぬる燗という流れも決まっていて、久昇では岐阜の千代菊を大徳利でとり、ふたりで三本か四本、こちらもテンポよく重ねるのが小気味いい。

久昇は都内や地方からわざわざ訪れるファンがいるほどの人気店。いつも確実に座れるのは、茄子おじさんの予約が完璧だからだ。席は決まって入口すぐのカウンター席の角で、みなが「板長」と呼ぶ料理長の仕事ぶりが眺められる特等席。たまたま案内されているのかと思っていたら、

「バカ。オレが板長の前を頼んでいるからに決まってるだろう」

と笑う。

居酒屋愛好家の間で知らぬ者はいない名店で口利きができるくらい長く通っているのだろう。

「かれこれ二〇年以上になるか、なあ板長」

「いやぁ、もっと長いんじゃないですか。旦那さん、いい男ですから忘れませんよ」

注文が落ち着き少し手の空いた板長が、調理場に両手をついて身をかがめるようにして話す。中卒で板前の世界に入ったという板長もいまでは七〇代半ば。キレのある仕事ぶりに年齢は感じられない。手を動かしながら誰よりも早く客の来店に気づき、「いらっしゃい」と声をかけている。そして、大学時代のわたしを憶えているとまで。大まじめな顔をしてこのリップサービスである。冗談にしても嬉しすぎます。

あのときの再会からだいぶ経つ。

忘れたころに、茄子おじさんから「おーっす。呑もうぜ」の誘いがあって何度か酒席をともにしたが、そのうちパッタリと連絡が途絶えた。すると三月も末、一年近くぶりにＬＩＮＥのメッセージがきた。

「おーっす。超ご無沙汰。俺なあ、教師を退職したぜ。こんどはめざせお百姓‼」

神奈川でも有数の男子高に勤める教師だった彼はたしか五〇代半ば。定年退職にはまだ早い。

ただ、会ったときから不登校になりそうな生徒たちといっしょに校庭の片隅で野菜づくりをしているといっていた。第二の人生に農業を選んだのは、その経験が何かを思わせたのだろう。

「おつかれさまでした！」

ビールグラスを合わせ、乾杯。もちろん祝いの席は久昇だ。バットや大皿に、はちきれんばかりに実った茄子や極太の白アスパラガス、できたての煮物や具だくさんの玉子焼き、からりと揚がった川海老などがずらりと並ぶ、いつものカウンター特等席。暖簾がかかったばかりの外はまだ明るい。今宵は長くなりそうだ。

予約客のみに用意される本日のつきだし三品は、鴨の山椒煮、じゅん菜の梅酢寒天寄せ、チーズに枝豆を練り込んだもの。目にも爽やかな皿をつついていると、隣は早々に黒ラベル大瓶を空け、

「おからとかつお、もらおう。それと、ぬる燗、大徳利でね」

と、いつもの調子で年季の入った前掛けねえさんに頼んでいる。

すぐさま届いた大徳利をおじさんの猪口(ちょこ)に傾けながら、「定年までまだ数年ありましたよね」。どこまで聞いていいかわからないが水を向けてみた。

「まあな。こんなオレでも慕ってくれる生徒たちがいてさ。でもよ、己の人生。決めたことだからな」

なみなみ注いだ酒をひと息に飲み干し、そうだろう、というように白い歯を見せて笑う。

相変わらず、名物のおからが旨い。おからごときが？　とあなどってはいけない。こちらのおからは大ぶりにカットされたねぎ、人参、しいたけに、いかげそが素晴らしい出汁係を担っている。さらに、たっぷりの桜海老が贅沢に混ぜ込められ、賑やかな彩りと香ばしさが加わる。これらすべての具材の旨味を我が物として吸い込んだ、おからの包容力たるや。いつもの一品なのに、口にするたび感動する。

「究極はよ、このおからと酒があれば満足ってもんだ」

彫りの深い横顔、目尻にしわが寄る。

そういえば、早稲田のおでん屋を訪れたとき隣のおじさんが似たようなことをいっていた。「ぼくは鰻のめそこ（稚魚）、これさえあれば何もいらない」と。「うちはおでん屋なんだけどなあ」と店の大将は苦笑いしていたけれど、おじさんたちにとって馴染みの酒場とはそういうものなのかもしれない。

女はいろんなものをちょいちょいと食べたがるし、同じ店ばかりだと飽きてきて新規開拓に励む。気が多い女と、これと決めたらひと筋なおじさんたち。

「かつおは初がつおに限る。うん、今日のは旨いぞ」

わたしも〝初〟に一票。さっぱりとして舌触りがよく、赤身特有の酸味が初夏らしい。たっぷり添えられた大根と人参のツマ、茗荷、生姜、ねぎの薬味とともにほおばれば、梅雨のうっとうしさを吹き飛ばす爽快さが口いっぱいに広がる。

ふと視線を向けた茄子おじさんの手元に、あ、思わず声が漏れてしまった。

日本史の教師だったおじさんの手はがっしりと頼もしく、それでいてしなやかな表情をしていた。さぞかし細いチョークが似合うだろうと妄想したその爪は、ところどころ薄黒い。「百姓になる」と教師を卒業したおじさんは、箱根のふもとの有機農業の達人のもとに弟子入りし、朝早くからとっぷり日が暮れるまで、土と向き合う日々を送っている。よく陽に灼けて爪の白さが際立つ手は、すっかりお百姓さんのそれだった。

「まだまだひよっ子だけどな。いずれ地元で自分の畑を持つのが夢なんだ。馴染みの店にオレのつくった野菜を持っていって、そいつで酒が呑めたら最高だろうなあ」

じゃあ、わたしのお店にも届けてくださいよ。

おじさんは教師を辞め農業の道へ。わたしは編集・文筆業の傍ら飲食店を営む。

太い眉を吊り上げ、驚いた様子のおじさんは、すぐにいつもの泰然とした構えに戻り、「これだからおもしれえ。今宵は互いの新たな出発に乾杯だ」と残り少なくなった酒を一気にあおった。

九時を回り、次々と客が入ってくる。そのたびに縞半纏のご主人が「申し訳ない、いっぱいで」と誠意を込めた口調で断っている。そろそろ潮時だ。

「さ、出よう。もう一軒、行くだろう？　おまえも思い切った決断したな。聞かせてくれよ、その店のこと」

それからわたしたちは終電までよく呑み、語った。そして別れ際、「市場に出せないやつだけど、味はいいぜ」と、形の悪い人参や割れたラディッシュ、間引いたブロッコリーなど土がついたままの野菜をくれた。初めて会ったときと同じだ。ちがうのは野

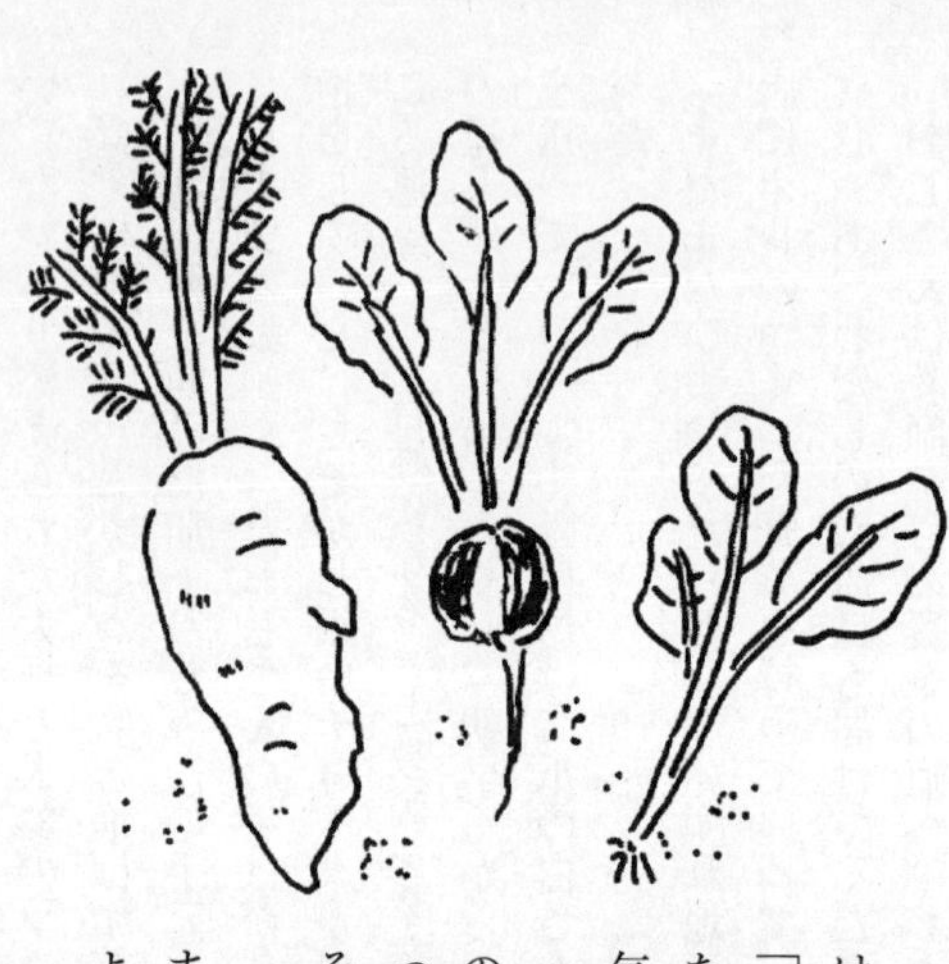

菜の種類と、お互いにあのときとは異なる道を歩みはじめたことだ。

久昇はまた再開すると書いてあったから、まだしばらくは通えるかもしれない。でも、ご主人と女将さんの表情から、もう長くはないような気がしている。関東の酒場文化にひとつの歴史を刻んできた店が幕を閉じる――。そう思うと、何か大切なものを失うようで惜しい。だが、いつまでも引きずるのはやめよう。久昇のように愛せる酒場をまたつくればいい。

百姓一年生のおじさんは、自分が築き上げてきたものに執着がない。ひとつところに留まるより、むしろ変化を楽しむ性分のようだ。酒場に対しても同じ。「いい店、みつけたぜ」と誘われて知った茅ヶ崎「ウィッシュボーン」と、辻堂「炭焼食堂　まるてつ」。いずれも若い夫婦が気持ちのいい空間をつくっていた。これからじっくりつきあっていきたい酒場たちだ。

大学生で出会った久昇をはじめとして、わたしの人生にはいつも酒場が隣にあった。日々を過ごすなかで湧き起こるすべての感情を、酒と肴が紡ぐ店の温かい空気に浸って、明日への希望につなげてきた。

おじさんは酒場になくてはならない存在。常々そう思ってきたが、改めて気づく。きっと彼らも、今日を明日につなげるため酒場へ向かうのだろうと。

お店のこと

久昇 本店（閉店）

昭和46年創業。現在の板長が板場を支えるようになってから、1カ月ごとに加わる「今月の推薦料理」を含め、常時150種もの酒肴が並ぶ。旬の走りの走りを追いかけて全国から取り寄せる食材を使った創作料理の数々に、客は季節の到来を実感する。生ビール中550円、サッポロ黒ラベル大瓶550円、日本酒は、温度帯でも頼める岐阜の千代菊（大徳利）600円、（小徳利）300円のほか、冷酒は真澄、一ノ蔵、八海山など300*ml* 瓶がある。●神奈川県藤沢市鵠沼橋1－17－2●電話：0466（23）5003

26

安全地帯なおじさん

初がつおの刺身と赤星

[丸千葉・南千住]

高度成長期に労働者が暮らした南千住。
そこには小さな安息を
庶民にもたらす酒場があった。
調理方法から盛りつけにいたるまで、
お客に寄り添うひと皿を用意する。
常連も一見もみな平等に。
この店では、誰もが安堵して
酒に酔うことができるのだ。

の行方だ。

二〇二一年春。この一年、ずっと気がかりだったことがある。酒場のおじさんたちの行方だ。

彼らにとって酒場は日常の一部。「なじみの店で一杯」を日課のように楽しみにしていたひとたちである。そんなささやかな喜びを、心の拠りどころを、新型コロナウイルスは奪った。

店にとっても、打撃は大きい。度重なる緊急事態宣言や、まん延防止等重点措置といった感染拡大防止策によって、営業時間の短縮や酒類の提供停止を求められ、持ち堪えられず廃業してしまったところも少なくない。

「自由に呑み歩けなくなって、世界は白黒になっちまった。酒なら家でも呑めるじゃないかというが、そうじゃない。酒場で呑むからいいんだ。ここは僕らにとって気安い安全地帯なんだ」

昨年の夏、二カ月にわたる休業からカムバックした地元、下田の酒場で、生ビールのジョッキをぐいぐいと呑み重ねていたおじさんが、そう力説していた。女将さんに「あんたもう末期高齢者なんだから気をつけなさいよ」とブレーキをかけられて苦笑いしていたけど、もうすぐ八〇（！）だという彼は、「気安い安全地帯」を取り戻して、じつに幸せそうにカウンターにおさまっていた。

世の中には、べつに酒場がなくても困らないひともたくさんいるだろう。だけど、彼やわたしにとってはなくてはならない場所なのだ、絶対的に。

村上春樹氏は、自身が務めるラジオ番組でリスナーからのメッセージに応えるかたちでこんな趣旨のコメントをしていた。「ドーナツは何があろうと、何が起ころうと、世の中に絶対必要なもの。ドーナツはいろんな意味で、世界を癒やします」（TOKYO FM「村上RADIO」二〇二〇年五月二二日放送より）。

そのときわたしは、ワインかなんかを呑みながらぼんやり聴いていたのだが、なぜかこのドーナツ必要説が心に残っていて、夏の下田で喉を鳴らしながら生ビールを呑むおじさんを見ていたら、ふいにドーナツのことを思い出した。そして、こう思った。ドーナツと酒場は同じじゃないか、と。村上さんのコメントのドーナツを酒場に置き換えてみてほしい。

「酒場は何があろうと、何が起ころうと、世の中に絶対必要なもの。酒場はいろんな意味で、世界を癒やします」。ザッツオールライト。

そこに共通しているのは、ドーナツにしても酒場にしても、切実に求めているひとがいて、その存在が癒やしになったり励みになったり、明日の元気をつくっていたりするのだ。大げさではなく。

かくしてわたしは、同好の先輩たちの陣中見舞いもかねて、久しぶりに東京の酒場へと繰り出すことにした。相棒のるみ画伯とも一年以上会っていない。元気にしているだろうか。子育て真っ最中であることは承知していたが、娘のはるちゃん卒乳しているだろうし（もう三歳ですよ、とあとで笑われた）、理解のあるだんなさんだから数時間くらい見ていてくれたりしないかな……。画伯にLINEすると、意外にも即答。「行きます！　行きたいです！」やっぱりあなたも〝ドーナッ〟が必要なひとだよね。

どこにゆこう。東京の飲食店が苦戦しているこんなときでも、いつもどおり元気に開けてくれていて、おじさんたちの活気に満ちているに違いない酒場……。すぐに浮かんだのは、南千住、労働者のまちにお守りのようにはためく「丸千葉」ののれんだった。そして、店主やっちゃんの最高に気持ちのよい接客。彼とひと言でも言葉を交わせば、新参者であっても、何年来のおなじみになったような気持ちになるだろう。それはひとえに、常連であろうが一見であろうが分け隔てなく、みなに等しく「ゆっくりしてってよ」と接する彼の平らかな姿勢のおかげだ。

あの、酒場の幸福に満ちたカウンターをおじさんたちも求めているんじゃないか。やっちゃんと他愛もない話をしながら、好きな酒を呑む。いつもどおりの日常があそこでは守られている気がした。

とはいえ、東京の飲食店は営業時間を短縮したり自粛して休業しているところも多い。確認の電話を入れると、「はい、丸千葉です！」と元気な男性の声がした。受話器の向こうで酒場のざわめきがかすかに聞こえる。ああ、やってくれてるんだ……。一週間後の予約をたずねると、大丈夫とのこと。遠慮がちにカウンター席を希望すると、お兄さんはたぶん微笑んだと思う。「おふたりですから大丈夫ですよ！　カウンターの席をご用意しておきますね」と返してくれた。

電話を切ると、張り詰めていたものが一気にほどけるのを感じた。あちこちから東京の飲食店の苦境ばかり耳にしていたわたしは、自分でも気づかないうちに彼らの苦悩に共振してしまっていたようだ。

電話のお兄さんの明るさに救われて、胸に差し込んだひと筋の光は、後日、丸千葉で過ごした時間、カウンターを分け合ったおじさんと酌み交わしたのどかな酒によって、ゆるぎのないたしかなものとなった。

丸千葉の口開けは午後二時。いつもなら開店と同時に満席だったり、予約で席が確保されていたりするけれど、コロナ禍のいまはどうか。

二時を少し回って到着すると、やっぱり。すでに六割がた埋まっていた。いつから座っていらっしゃるのだろう。Uの字にラウンドしたカウンターには、もうボトルのキンミヤや日本酒で昼下がりを過ごす男女がくつろいでいた。そこにるみ氏を発見。黒づくめの出で立ちで、厨房に近いいちばん奥の席にちょこんと腰掛けている。あごにマスクをつけたまま、スーパードライをグラスに注いでいるところだった。わたしもグラスをもらう。一年以上ぶりの再会だ。お互いの無事を祝してまずは乾杯。テーブルには、つぶ貝、しめ鯖、鰺のタタキの三点盛りがある。丸千葉は初めてだといっていたわりには、渋いチョイスだね。

「メニューが多くてどうしよ〜、となってたら正面の「つぶ貝」が目に飛び込んできて。おいしそうと頼んだら、お兄さんが刺身は盛り合わせもできるよ、って教えてくれたんです。うち、初めて？　ありがとね、ゆっくりしていってね〜って。一気に。なんですか、このホスピタリティ」

そうでしょうとも、そうでしょうとも。やっちゃんの全方位に行き渡ったサービスを一度でも受け取ったら、その日の幸せは約束されたも同然。よかったね、来られてよかったね、やっててくれて。

さらに安堵したのは、「酒場の日常」がしっかり守られていたことだ。

丸千葉の客層はさまざま。常連はもちろん、遠方からの遠征も、外国人もちらほら。いろんなひとが集まる場所だから、さまざまな対策を講じているのではないかと想像していた。席と席の間に仕切り板を置くとか、透明のシートで店と客を区切るとか……。

なかった。いつもどおりの丸千葉だった。席数の削減、入口でのアルコール消毒の推奨、営業時間の短縮。それに、やっちゃんをはじめ店員のみなさんはマスクをつけている。でも、そこまで。コミュニケーションを分断し、酒場の醍醐味である居心地を奪ってしまいかねないものは、ここにはなかった。

丸千葉のひとたちが、悩み抜いて出し

た答えなのだと思う。正解はどこにもない。それをどう受け取るかは、ひとそれぞれだ。わたしはリスクを承知で「酒場の日常」を守ろうとしている、そういう覚悟を感じた。

わたしたちの左隣には、ひとつ席をあけて黒い中折れ帽の紳士がひとり背筋を伸ばして座っている。サッポロラガービール、通称「赤星」と、ポテサラかな。何度も来ているおじさんかと思っていたら、漏れ聞こえる店のおねえさんとのやりとりから、気兼ねなく酒が呑める酒場を求めて、他県からやってきたらしいことがわかった。

「明るくて、清潔で、居心地のいい店ですね」

おじさんはおねえさんにそういうと、ビールのおかわりを頼んだ。こちらももらおう。「ところでるみっくす、スーパードライのひとだったっけ?」

「え、あ。ちょっとオトナの事情があって、えへへ。ねーさんの好きなのでいいですよ」

オトナのってなんだ、と思ったが、こちらは帽子のおじさんと同じくサッポロ派である。ポテサラも食べたい。揚げ物も食べたい。すると、すかさずやっちゃん。

「ポテサラ、マカロニと合い盛りもできるよ。フライはどうする? なんでもミックスできるからさ。好きなの、食べたい数いってよ」

きた、丸千葉の太っ腹。お客のいいようにしてくれる、望みは全部叶えますサービス。「なんでも選べんですか、そんなお店聞いたことない、うひゃあ」。丸千葉初体験のるみ氏が驚嘆していると、「ゆっくり選んでて」というや、店主は自分の携帯に出た。

「え、いまから？　うーん、あ、ちょうど一つ席が空いたとこだよ。ついてるねぇ、ナベさん。あいよ、お待ちしてるよっ」

きっとご常連が空席の確認をしてきたのだろう。以前、女ともだち六人で女子会と決め込んだ日、話しかけてきたおじさんがいっていた。「昔はこんなじゃなかったんだよ。おれみたいなおやじばっかで、いつ来てもたいてい入れたんだけどな」。そのおじさんは、何度もふられ、ようやく最近「予約」の習慣がついたそうだ。

丸千葉は昭和三〇年代はじめ、三代目になるやっちゃんの祖父が、千葉から上京して浅草から旧吉原へと向かう途中に店を構えたのが始まりと聞く。店名はそこからきているのだろう。創業して間もなく、いま店がある南千住に移転。以来、六〇年以上、家族で力を合わせて店を守ってきた。

昭和三〇年代は、日本が戦後の復興からめざましい成長を遂げた時期。東京オリンピックの開催も控えていて、高速道路、新幹線、高層ビル、国立競技場……と、どこもかしこも建設ラッシュに沸き返っていた。東京は、経済成長のどまんなか。地方から仕事を求めてやってきた出稼ぎ労働者であふれかえり、彼らが寝泊まりする場所として、格安の簡易宿泊所が南千住の周辺に次々とつくられた。いわゆる山谷のドヤ（ヤドの逆さ読み）街である。

自然と、周辺には彼らのための食堂が軒を連ねるように。当時は、酒場やバー、スナックなんかがひしめきあっていたらしいが、いま残るのは、ごくわずか。

衰退の原因は、山谷に集まる労働者の減少や高齢化がいちばんだろう。でもそれだけではなかった。いつかの常連さんの話。若い頃、立ち寄った店で法外な金額を請求された。「昔は好景気のどさくさにまぎれてそんないい加減な商売をしていたとこもあったんだよ」。そのおじさんは、高い授業料だったけれど、痛い目に遭ったおかげで丸千葉がいかに自分らの味方か、身に染みてわかったといっていた。

そう。丸千葉はみんなの味方なのである。四方の壁に、所狭しと並ぶ短冊メニューはゆうに一〇〇はあろうかという勢い。その種類も、鮮度抜群の刺身、季節の野菜小鉢、煮物、焼き物、揚げ物、ステーキ、丼もの、鍋物と多彩で、単品はごはんと味噌汁がつく定食にもできる。もともと、昭和のハングリーな男たちの腹を満たすための店だ。安くて大盛り、酒も濃いめ！　なのはいまも変わらない。

でも、わたしが「味方」だと思うのは、懐にやさしいからだけじゃない。

食べたいものを食べたい分だけ盛り合わせてくれたり、卵焼きは好みに応じて甘くもしょっぱくもしてくれたりする。酒も同様に、客のいいようにできる限り応えてくれる。その手間を、彼らはあたりまえのことと考えているようだった。

この「客のいいようにしてくれる」店って、もちろん限度があるにしても、そうない。しかも、常連も一見も関係なく、みんなに平等に。だから、みんなが好きになる。丸千葉はいま、よりいっそう求められている酒場なのではないだろうか。

「今日はおれ、なんにしようかな。昨日のアレうまかったな。ある？　うん、じゃあそれ。かつおと塩辛も」

丸千葉の魅力について、るみ氏に熱く語っているうち、いつの間にかわたしのとなりの空席におじさんがおさまっていた。メロンカラーのポロシャツに、生成りのジャケット。むっくりとした体格に淡い色合いのコーディネートがお似合いだ。ぴかりと光る頭頂部にげじげじの立派な眉毛。鼻の下のちょび髭がトレードマークか。どこか

で一杯ひっかけてきたのか、頬はほんのりピンク色。「昨日のアレ」といっていたから、昨日もここにいたのだろう。

「酒場のおじさん、あるあるですね。毎日、同じ店に出没するという(笑)」

おじさん観察の第一人者が、そう小声で耳打ちする。

「なに、もう呑んできたの? ナベさんも好きだねえ」やっちゃんに笑われながら、「チャリンコ気をつけてよ」と注意されている。

るみセンセイは、ママになってもおじさん観察の鋭さは変わらなかった。「おじさん、近所なんですか〜？」。すかさず聞いている。

「うん？　まあね、浅草のほうね。おねーさんたちはどっからきたの？」

かすかに東北訛りのあるちょび髭おじさんは、話しかけられて、そうこなくっちゃと体をこちらにぐっと向けてきた。

「塩辛、お好きなんですか？」

わたしは瓶ビールと同時に置かれた小鉢の塩辛のほうが気になって（好物なんです）、質問に答える前にきいた。

「え、いやそうでもないんだけど、すぐ出てくるからさ」

「おじさんはせっかちなんですよ」。ずいぶん前、るみセンセイにおじさんの性質を教わったことを思い出した。

「よかったらこれ、ちょっと食べない？　ここ、年寄りには量が多くてさ。若い頃はありがたかったんだけどね」

おじさんはおねえさんに取り皿と割り箸を追加でもらうと、自分用に二、三切れ残して残りをわたしたちに差し出した。おすそわけというには大盤振る舞いすぎる。おじさんの分がなくなっちゃう。遠慮しようとすると、「これだけあれば十分。ツマミはちょこっとあればいいからさ。いいから食べて、呑みな。やっちゃん、彼女たちにビール一本もってきてやって」と、ふるまってくれた。

気前がいいのも、酒場のおじさんに多いタイプだ。しらふでもそうなのかは不明だが、お酒が入って気が大きくなったおじさんに我々、何度、ごちそうになったことか。

「はいよ、鯖焼きね」。脂がじゅうじゅういっている焼き魚が届いた。「昨日のアレ」とは、これだったのね。おじさんは、いいちこボトルを新調し、緑茶割りを呑みはじめた。ボトルの首には「ナベマコ」の札。

「ワタナベマコトさんですか？」

「なんだよ、よくわかるね」

「そのボトルが」

「いやあまいった。呑んでる？　もう一本、呑む？」

ナベマコおじさんは、終始、わたしたちにそうやってふるまおうとしてくれた。そんなやりとりを寛容に見守っていたやっちゃんが教えてくれた。

「この日いちばん古いお客さんだよ。なにせおれが大学生のときから来てくれてるんだからさ」

なんと。常連だとは思っていたけれど、最古参のお方だったとは。

丸千葉歴、三六年。やっちゃんの両親が主戦力だった時代を知るおじさんに、当時といまと何か変わりましたか、と聞いてみた。

「えーむずかしいこと聞くね。そりゃあ、建て替えしたり、代替わりしたり、長くやっていればいろいろあるんじゃない？　でも、おれからしたら何も変わってないかな。人気が出すぎて入れないのがたまにキズだけど、気兼ねなく酒を呑ませてくれるところって、いま、なかなかないよ」

洗濯はコインランドリー、風呂は銭湯。なんの不自由なし。男やもめ、食事といったら酒場。いきつけはほかにもあるけれど、この一年は丸千葉に通いづめ。一途なおじさんは、ぽつりといった。

「ここはだって、安全だからさ。ほかはもう行かないよ」

午後四時半。見渡すと、カウンターは鈴なり。キンミヤ一升瓶ボトルとひとり向き合う強者女子から、同じくキンミヤ一升瓶相手にシャドーボクシングのごとくキレ味鋭いキャップ男子、スマホが手放せないあごマスクの背広白髪おじさん、ボートネックとマオカラーの白シャツコンビの男子ふたり、呑みっぷりが気持ちよい東京ガールなふたり組、それから中折れ帽の紳士と、最古参おじさん、最後に我々。

みんな、酒場というドーナツを必要としていて、ここを「気安い安全地帯」と信頼する仲間たちだ。

彼らが酒場に通いつづけるかぎり、この場所は失われない。私はそう信じているし、自分も大切な場所が損なわれることのないよう、これからもずっと通っていきたい。

ナベさんをはじめ、わたしが酒場で出会ってきたおじさんたちは、みな気に入りの店を見つけると、そこにずっと通いつづける一途なひとたちだった。

別れぎわ、るみ画伯はおじさんのボトルキープの札に似顔絵を描いて差し上げた。丸千葉ひと筋のナベさん。ずっと使ってくれたらいいね。わたしたちはそんな話をしながらまだ明るいうちに帰路についた。

飲み足りないわたしは、地元のワインバーでひとり二次会を開いて想像した。あの鮮やかなメロンカラーが色褪せ、剝げ落ちても、丸千葉のボトル棚に並んでいる姿を。

それは、まんざらあり得ない話でもなさそうだ。

お店のこと

丸千葉

JR・地下鉄南千住駅から徒歩約15分。かつて山谷と呼ばれたエリアだが、最近は外国人向けのゲストハウスが増え、若い世代も訪れるまちに変わりつつある。日本がまっしぐらに経済成長の道を駆け上っていた昭和30年代初めに創業。以来、今日に至るまで、一貫して「お客さまのいいように」を貫いてきた。みなが「やっちゃん」と呼ぶ店主の気持ちのいいサービスは、もはや文化遺産。サッポロ中生、ビール大瓶ともに650円、キンミヤボトル2400円、しめさば600円、ミックスフライ750円、ポテトサラダ450円など、とにかく良心価格で泣けます。●東京都台東区日本堤1－1－3●電話：03（3872）4216

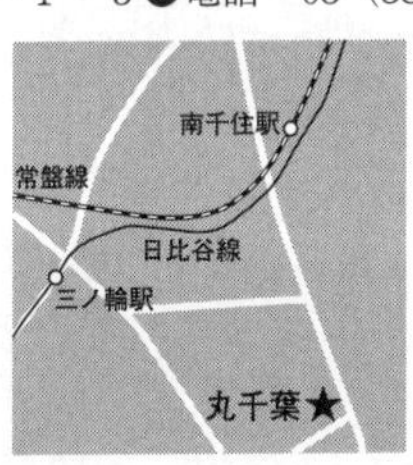

呑兵衛鼎談

太田和彦おじさんに訊いてみた。

酒場の作法あれやこれや

おじさんとの距離感

山田　巻末に収録する鼎談のゲストに太田さんをお迎えすることができて、たいへん光栄です。日本が誇る居酒屋作家に、ぜひいろいろお話を伺わせていただきたいと思います。

太田　よろしく。「おじさん酒場」の定義ってなんなのかな。

山田　定義……いきなり核心ですね（笑）。太田さんが行くような渋い居酒屋とそこで呑んでいるおじさんたち、ですかね。

太田　ということは、ぼくは「おじさん」。

山田　おじさんって、わたしたちにとってはすごくポジティブな言葉なんです。引き出しの宝庫というか、まだ見ぬ世界の入口というか。とくに酒場にたたずんでいるおじさんたちの背中や横顔に、それを感じます。電車の中や本屋さん、喫茶店では会話をすることもない、そんなおじさんたちと、「酒場でなら話をすることができる！」って。

太田　そうですか。居酒屋は人生の縮図だから書きがいがあるでしょう。女性の書き手として、がんばっていただきたいですね。

山田　ありがとうございます。酒場のおじさんはわたしが女だからでしょうか、何か特別に見えるんです。気構えがどこにも感じられず、自由で解放的。女には真似できない居ずまいで。これはるみさんの名言なんですけど、「カフェにはかわいい女の子が似合う。酒場にはおじさんらしいおじさんが似合う」（笑）。

なかむら　やっぱりなんか、ひとりで格好がついているというか……。あと肩の力が抜けている。

太田　そうですか（苦笑）。

なかむら　おじさんがいないと、酒場は締まらないですよぉ。

太田　おじさんのどこがいいんですか。

なかむら　ぴちぴちしたひとを描くのは面白くないんです。

太田　もっとぴちぴちした若い男性のほうがいいんじゃないの？

太田　まあ、まだ人生経験がないからね。絵に描くにはおじさんか。老人は絵になるからな。

山田　わたしはおじさんのことはずるいと思っていて。嫉妬心があるんでしょうね。

太田　どういうこと？

山田　居酒屋に似合っているからです。たとえば、古い酒場のカウンターにおじさんがひとりいると絵になるけど、自分は絵になっているとは全然思えない。

太田　あなたはナルシストですね（笑）。居酒屋における自分のありかたを気にしている。でも、意識して姿勢よく呑むのはよいことです。

なかむら　前回「シンスケ」（東京・湯島）でお目にかかったとき（153ページ参照）、太田さんの注文の仕方や所作なんかを見ていて、キマってるなーと思いました。

浅草・志婦やのお通し

山田　今夜は浅草の「志婦や」さんにお邪魔していますが、太田さんのご贔屓ですよね。よくいらっしゃるんですか。
太田　はい、浅草といえばここ。
なかむら　予約はできないお店だと聞いてます。
太田　居酒屋を予約するのも野暮な話。早い時間に来ればいいんだから。
山田　わたしも酒場は早い時間に限ると思っています。いいおじさんに出会える確率も、まだ明るいうちが断然高い。志婦やさんは太田さんの本で知りました。お正月、営業初日にお邪魔したときのことを本書で書いています。つきだしが紅白なますでした。
太田　さすが、浅草は粋だね。
山田　（出されたにこごりを見て）美しい……。すごく透明で。
太田　いいにこごりだね。ぼくは、そっちの豆ちょうだい。
なかむら　はい、どうぞ。
太田　いいんだよなぁ、こういうのが。何ってことはないんだけど。豆は置いておくと肴の切れ目に重宝する。後半がおいしくなってくるんだ。
なかむら　馴染んでくるんですかね。
山田　この豆、どこか他のお店でも見たことがあるような気する。

太田　「鍵屋」（東京・根岸）のお通しがこれだよね。
山田　でも鍵屋は女性だけでは入れないお店で。
太田　おじさんといっしょに行けばいいじゃない（笑）。
山田　そういうことですよね。
なかむら　下心のない、呑み友おじさんが欲しいですね。

日本酒との付き合い方

なかむら　太田さんはお酒はどんな飲み方がお好きですか？
太田　年中お燗だね。
なかむら　すごい、いつもお燗なんですか。
太田　たいていはビールからお燗という流れだけど、お燗ではじめるときもある。そういうときはね、最後にビールを飲む。帰る前に。さっぱりしていいんだ。
山田　日本酒からビールに戻る流れ、わかります。
太田　食事は苦味で締めるのがいいんだよ。お茶でもコーヒーでもそうじゃない。
山田　燗酒を呑みつけると、夏でもお燗が欲しくなるのは何ででしょうね。

太田　温めることによって酒が持っている力が一〇〇%出るから。冷たいうちは、半分とはいわないけど六〇%くらいでしょう。
山田　じゃあ、冷やで呑むときは、六〇%のものを呑んでいるということに……。
太田　だからもったいないわけです。冷たい味噌汁よりも温かい味噌汁。ご飯も冷やめしより炊きたてがおいしい。味も香りも食感もすべてが出るからね。ただ真夏は「冷たいことがおいしい」からビールは最高です。
なかむら　ワインは呑まれないんですか。
太田　付き合いで呑まないこともないけど、ぼくはワインという酒があまり好きじゃないんです。「しょせん果物だろ」という感じで。
なかむら　日本酒に「しょせん米だろ」っていう思いはないんですね（笑）。
太田　あるわけない。日本人はオギャーと生まれてから毎日、米を食べて育ってますからね。ぶどうじゃない。
なかむら　そうですね、日本のおじさんに日本酒呑ませたら、世界一キマッてますもんね。

家族経営の温かみ

なかむら　「志婦や」に通うようになったきかっけはなんですか。

太田　十数年前かな。浅草に行きつけの店が欲しいなと思っていろいろ探してたんだけれど、この店に入って「あった！」と思った。以来通うようになって、亡くなられた先代とも親しくさせていただいた。ぼくは勝手に親戚だと思ってます（笑）。息子さん兄弟でやってたんだけれど、弟さんは近くに店を持たれ、お母さんもときどき手伝いに行ったりしてる。麗しい話です。

山田　家族経営のお店って、なんともいえない味わいがありますよね。南千住の「丸千葉」（267ページ参照）なんかもわたし、大好きです。

太田　温かみ。居酒屋は家族経営の店がいちばんだね。

原稿は昼間書け

山田　『居酒屋百名山』（新潮文庫）を読んでいると、その想いがひしひしと伝わってきます。わたしは太田さんの本を愛読していて、とくにこの本は何度くり返し読んだことか。でも、そうすると書くとき真似しそうになっちゃうんです。文章の感じっていうんですかね。

太田　どうぞ真似してください（笑）。でも、真似されるほどの特徴はない。普通に書いているだけですから。

山田　いえいえ、抑制が効いた浮つかない文体で、さすがだなぁといつも唸ります。わたしなんか、まだまだふわふわしちゃって。あの抑制はどこからくるんでしょうか。

太田　まあ、夜に書いちゃ駄目だよね。昼間に冷静にやらないと。夜に勢いで書いたものは使えない。

なかむら　わかるー。ノリノリにノッちゃって。

山田　ひとりで勝手に酔っているような文章になってしまう。今回はお酒の本だけに、それは相当まずいな（笑）。

太田　読みやすい文章が大前提だから。

常連になりたい店に出合える確率

山田　さっきの話の続きなんですけど、なぜ志婦やにピンときたんでしょう。浅草に我が酒場見つけたり、と思われた理由をもう少し教えてください。

太田　通りから店の中を覗くことができて、地元の客が多そうでこれは信用のある古い店だと感じた。板場の人が職人の顔だなって。そう思って入ったら、はたしてすばらしかった。

なかむら　なるほど。じゃあ逆に、太田さんでも間違えることはあるんですか。

太田　しょっちゅうありますよ。

山田　あるんだ！　じゃあ、一〇軒行ったら当たりはどれぐらいですか。

太田　いい居酒屋に当たる確率は二割五分。

なかむら　二五％！　すごくはっきりしているんですね。

太田　四軒行くと一軒が当たり。その意味は、もう一回行きたいと思えること。その中のさらに二割五分、〇・二五×〇・二五（約六％）が、常連になりたいという店。そのさらに二割五分、〇・二五の三乗（約一・五％）が最高ランクでその店の近所に引越したくなる（笑）。

山田・なかむら　おおぉ〜。

太田　『太田和彦の居酒屋味酒覧』（新潮社）の改訂版、〈決定版〉精選２０４で掲載している居酒屋は全部「常連になりたい店」ランクですから、さっきの計算でいくと、これまでいくら授業料使ったかわからない。一般の方は打率二割五分で散財するのはもったいない。したがってぼくの本を読んで入れば間違いないと（笑）。もちろん好みはあるけどね。

なかむら　そんなに苦労の積み重なった本が一一〇〇円でいいんですか（笑）。

太田　よくない（笑）。じつはもうひとつ、よい居酒屋の条件の最上位があって、それは、家族経営で子どもが店の中をうろちょろしていること。日頃はうるさい親父客も、店の奥から子どもが駆けてくると、みんな目尻が下がっちゃう。そうした酒場は健全な証拠。子どもは大人が楽しんでいるところをうろちょろするのが好きなんです。ここがそうです。

なかむら　すごい。たしかに条件がそろってる。

美女と居酒屋二割五分！

山田　子どもがうろちょろしているといえば、大阪の「クラスノ」っていうお店が大正区にあって、あそこなんかその条件に当てはまりそう。

太田　クラスノか、くわ焼きの店ね。

なかむら　太田さん、もう行ったことのない店なさそうですね（笑）。

太田　そんなことないさ。日本中の美女に会うのは至難の業ですよ。

山田　たとえがすごい。

太田　美女打率も二割五分（笑）。

なかむら　美女と居酒屋、二割五分！

太田　その二割五分は「たまに会いたい」。その二割五分が「しょっちゅう会いたい」、その二割五分が「結婚したい」（笑）。

なかむら　居酒屋と同じですね。

山田　考えてみれば、わたしが酒場でいいおじさんに出会える確率も二割五分かもしれません。四軒にひとり。

太田　酒と異性は似ているかもしれないね。好きか嫌いかで選べる。「なんか好き」という理由にならない理由もあるし。

なかむら　じゃあ、おいしくないけど好きなお店もあるんですか？

太田　ありますよ。酒も料理もたいしたことはなくても居心地が勝る。そういう女性もいる。料理はヘタだが酒の相手には最高と（笑）。

ロケハンと仮眠が勝負を決める

山田　読者が聞きたいであろう質問を代表してお聞きします。いい酒場の探し方というか、巡り合うコツを改めて教えていただけませんか。

太田　あちこちで書いてるけど、まずはその土地で居酒屋のある場所を間違えちゃいけない。それには昼間にロケハンをする。営業前でも、店構えを見ればおおよその見当はつく。それで、行く順を四軒目ぐらいまで決めておく。

山田　ええっ！　順番もですか。

太田　夜になってからどこに入ろうか迷っているのは時間の無駄。行くところを決めておかないと。

なかむら　お酒を呑むのも真剣勝負なんですねぇ。

太田　それからホテルに戻って最低一時間は仮眠をとる。

なかむら　すごい！　お風呂はいつ？　お風呂は入らない？

太田　風呂はあとでいい（笑）。目を覚まして、さぁ五時となると、迷いなく目当ての店に行く。

山田　ちなみに、ロケハンで四軒目までに入れる基準は何でしょうか。

太田　目安は、古くて繁盛している店です。長く続いている店はかならず良い理由がある。家族経営らしき店だったら文句なし。それはなんとなく見当がつく。路面店で自分の持ち家とか。逆にビルの何階の「本日開店」に行く理由はない。目安は簡単です。
山田　なるほど。でも、それでも当たりは二割五分ですからね。
なかむら　聞けば聞くほど、一一〇〇円の本はお得ですね。

「これ、おいしいですね」のひと言

太田　しかし頭の中であれこれ値踏みしてもそれまで。入ればわかります。二〇分ですべてわかる。
山田　二〇分ですべてわかる！　名言でました（笑）。じゃあ、初めて入った酒場で、お店の方に話しかけたりは……。
太田　しない。話をする前にすることがたくさんあるから。どういう店かな？　何を置いているのかな？　酒は何かな？　と観察することがいっぱいある。それにまず注文をしなくてはいけない。
なかむら　注文するときに気をつけることってありますか？
太田　「この土地にしかないもの」「いまの季節の品」かな。それが楽しい。決めたら初めて声をかけるんだけど、そのときの返事で、ある程度店のありようも予想がつく。
なかむら　すごぉい！　ここまで五分くらいかな。

太田　出たものをいただき、酒も二本目を過ぎた頃、これは話を聞く価値があるなと思ったら、おもむろに話しかける。ぼくは酒場ではあまり話さないんだけど、カウンターでひとり、二〇分も黙ってたら空気が重苦しくなっちゃうでしょう。だから挨拶代わりに口を開く。そのときの言葉は簡単で「これ、おいしいですね」。

山田　極めてらっしゃってる。こんどから真似しよう（笑）。

太田　ははは。何十年もやってるんだもん。

なかむら　お客さんと話すことは？

太田　ぼくからはないね。話しかけられるのも嫌いだし。ただし女性は別。

なかむら　あっ、そうなんだ（笑）。

太田　でも、女性は絶対に話しかけてくれないんだ（泣）。内心、話しかけてほしいなぁと思ってるんだけど。

山田・なかむら　あははは！

山田　でも、テレビにも出られてるし、「太田さんですか？」と話しかけられることは多そうですけど。

太田　ぼくの本の読者の方は中高年層で節度があり、帰り際に「いつも読んでます」「ありがとうございます」と言うぐらい。

山田　へー、大人の態度ですねぇ。

太田　大阪は別。歩いていると向こうから自転車に乗ったおばちゃんがキーッと停まって指さし「ええと、あんた誰やったっけ……ほらテレビ出とるやろ……」って。だから大阪ではたいがいうつむいて歩いてる(笑)。

なかむら　太田さんが、大阪のおばちゃんにタジタジになっている特別番組見たいです！

斎藤酒場で知った注文を取るタイミング

山田　注文のタイミングというのも、なかなかむずかしいですよね。いつも悩みます。

なかむら　たしかに。

太田　それはあわてないことで、店員の様子を見ていればいつか目が合う。大声で「オーイ!」と手を振るのはイナカ者。いい酒場は、何か頼もうと思ってる客は気配でわかるから、視線をつかまえてくれる。

なかむら　ああ、たしかにそれ、たまにあったなぁ、そういえば。

太田「斎藤酒場」(東京・十条)なんかまさにそう。頼もうとするとかならず側に来てくれるのはなぜですかと聞いたことがあるんだけど、「何か頼もうとするひとは、その前に品書きを見てるから」とのことだった。つまり、その客を見ていると、決まるとこちらを見て目が合うから、すぐに行けばいいと。これはプロだなぁと思った。

なかむら　すごいんですね、あのおばちゃんたち。

山田　そういうのを「知る」ということも、また酒場の楽しさですね。

太田　うん。聞いてみて初めてわかったことだけど、尊敬の念が湧いてきたよ。

しゃべりたくないおじさん、しゃべりたいおじさん

なかむら　ひとりでお酒を呑むようになったのはいつごろからですか。

太田　三七〜三八歳ぐらいかな、ひとりで居酒屋に入るようになったのは。

山田　何かきっかけがあったんですか。

太田　それまでぼくにとっての酒場は、会社の仕事帰りか業界のひとたちと会う場だった。でも、しだいに飽きてきて、ひとりで呑むようになったら、じつに具合がよくてね。自分だけの世界に沈潜するのはいいものと気づいてきた。それは日頃の忙しさを一度ひと休みしたくなる年齢だったんだと思います。

山田　ひとりで呑む具合のよさっていうのは、お酒や自分に集中できるから……？

太田　しゃべらなくていいのがいい。誰かと行くとしゃべらなくちゃいけない。互いに一〇分も黙ってると妙なことになっちゃうから。その点、ひとりだと気が楽だよね。発する言葉は「酒もう一本」だけ。よそのひととも話さないし。なんていうか、孤独を愉しむ、というのかな。

山田　この本の取材で、いろんなひとを見てきましたけど、そんな格好いいおじさんとはなかなかお近づきになれませんでした。居たとしてもこちらは観察するだけで、距離を詰めづらいというか。お店にもよりますけど、酒場のおじさんって基本的にはおしゃべりが多いですよね。気を遣ってか結構話しかけてくれるし、自分の人生なんかを熱く語りだしたり。わ

たしは全然それが嫌じゃなくて、楽しませてもらってます。

太田　ぼくからすれば触らぬ神に祟りなし。そういうおじさんたちは自分のことにしか興味がなく、いったん火がついたら、まあしゃべる、怒りだす。そういうのは、いちばん始末が悪い。ぼくはおじさんは嫌いです。女性のほうが断然いい（笑）。

虚空を見つめながら呑めるか

山田　太田さんは、ひとりで呑んでいるとき何を考えてるんですか。

太田　何も。呑みはじめは、仕事のこととか、明日はあれをしなきゃとか、家族のことが頭に浮かんだりするんだけど、そのうちまったく何も考えなくなる。「無」になるわけね。座禅のようなものです。頭の中にあるのは常にただひとつ、次は何を頼もうかな、だけ。これを「悟り」という（笑）。

山田　究極の境地ですね。

太田　「江戸一」（東京・大塚）なんかに行くと、そういうひとり客で〝アローン状態〟の親父がいっぱいいる。腕を組んで虚空を見つめていたりね。だから、店は静かなんです。

なかむら　あの雰囲気、いいですよね。

山田　おしゃべりおじさんがいる一方で、そういうアローンおじさんもいる。武蔵小山の牛太郎なんかもそんな感じですね。「牛太郎」に行くと、注文を待っているときのポーズひとつとっても、おじさんたちの醸し出す孤独を愛する余裕みたいなものが感じられます。

なかむら　あれは、女のひとには真似できない。

太田　そうでもないよ。いつだったか、「江戸一」のカウンターで見るからにキャリア女性のひとり客が、やっぱり中空を睨んでいた。男社会で働いているひとかもしれないけど、素敵だなぁと思った。

なかむら　そっかぁ。わたしには無理そうだな（笑）。

はじめてひとりで呑むなら女将のいる店

山田　古くから続いているような酒場って、やっぱり〝男の場〟っていう感じがして、わたしなんか、ちょっと気後れする部分がいまだにあるんです。長年さんざん呑み歩いておいて、どの口がいうんだ、という話なんですけど。

太田　女性客がめずらしい店では、おじさんたちも内心（おおーっ）となるからね。

山田　みんな落ち着かなそうにしているから、若い美人じゃなくてごめんなさい、と思いながら呑んでます（笑）。

太田　女性がひとりでお酒を呑みにいきたいときは、女将のやっている店に行けばいい。女は女同士、「こっちいらっしゃい」とガードしてくれ、横の親父に、「ちょっかい出しちゃダメよ」なんて睨みもきかしてくれる。そうやって女将と馴染みになれば、それからは「よく来たわね、こっち座りなさい」となっていく。

なかむら　たしかに、居酒屋の女将さんはやさしいひとが多いかも。

太田　江戸一の女将はおっかないひとだったけど、女性客にはやさしくて、ああいいなぁと。男のぼくなんか「どうも」と挨拶しても「ふん」って感じ。それが酒も三本目になる頃には、「久しぶりね」なんて言ってきてくれる。でも、女性には最初からやさしく、とてもほほえましいんだ。

山田　なるほど〜。女将を頼るというのはいいですね。そういえば、この本で紹介した渋谷の「こしの」や日本橋の「小野屋酒店」なんかもそういう女将酒場でした。

なかむら　立石とか赤羽とか、ちょっと汚いようなところには行かれますか。

太田　「汚い」って（笑）。

なかむら　太田さんはきれいなお店にいるイメージがあるので。立ち呑みで、労働者のおじさんがいっぱいいるような大衆酒場には行ったりしますか。

太田　しますよ。立石の呑んべ横丁の暗がりのスナック風の店に入ると、ママさんがひとりでタバコを吸っていて、ギロって睨むんだ（笑）。あれはなかなかできない経験でおもしろかったな。

なかむら　ツン！とされるのが好きなんですね。

太田　そうともいえないけど（笑）、「ママさん」が好きなんだな、きっと。

山田　太田さんでも度胸を出さなくちゃ入れない店ってあるんですね。

太田　でもさ、どこだって入らなきゃはじまらない、そんなことで怯む歳でもない。居酒屋の勘定も見当はついてきた。ウイスキー二杯で八〇〇〇円取られてもこれも授業料と思えばすむ。安全パイだけでは自分の肥やしにならない。
山田　みんな酒場で大きくなるんですね。
太田　ひとと同じ。付き合って、振られて、人間として成長する。酒場に行くことは人間修業。男でも女でも、オトナはそういうことができるし、したほうがいい。まして、酒を呑んで原稿を書くなら、どんどんやらなきゃ。
なかむら　おぉ！　わたしもまだまだ修業しないと。酒場に厳しい太田さんに女性が歓迎されていると知って、安心しました。女性は、旨い、安いに貪欲なので、一〇年後は「おじさん酒場」が「おんな酒場」になってるかもしれませんね。
山田　女が酒場を書きつづけることに、どこか気恥ずかしさがありましたが、今日を境にきっぱり迷いは捨てます。これからも佳き酒場、味わい深いおじさんとの出会いを求めて、せっせと酒を呑みます！

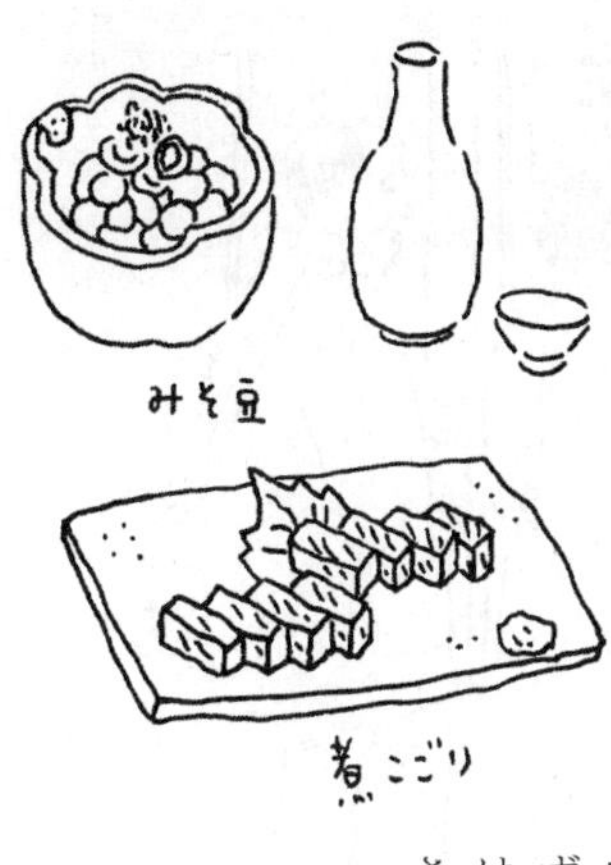

太田和彦

おおた・かずひこ

1946年生まれ。作家、グラフィックデザイナー。
東京教育大学（現筑波大学）卒業後、資生堂宣伝部に
デザイナーとして入社。独立後、『居酒屋大全』（講談社）を発表。
2000年より東北芸術工科大学教授として教鞭をとる。
『居酒屋百名山』『居酒屋を極める』『ひとり飲む、京都』（新潮文庫）、
『太田和彦の居酒屋味酒覧〈決定〉版　精選204』（新潮社）他、著書多数。
「太田和彦のふらり旅　新・居酒屋百選」（BS11）出演中。

新・おじさん酒場名店案内105

いい酒場を「いい酒場」たらしめているもの、
それはおじさん。味わい深いおじさんは、
自分に合った味わい深い店を選ぶものです。
そんな名酒場を105店あげてみました。

※サービスの提供が異なる可能性があります。

赤羽	丸健水産	店先を開放した立ち呑みおでん。北区の地酒「丸眞正宗」におでん出汁を加えて暖をとれば、相席おじさんがひと言。「冬はこれだよね」	東京都北区赤羽 1-22-8 03-3901-6676
赤羽	まるます家	朝10時。赤羽モーニングは、鰻、鯉、たぬき豆腐。ミント入り酎ハイ（通称ジャン酎）で朝酒を決める喜色満面おじさん多数	東京都北区赤羽 1-17-7 03-3901-1405
阿佐ヶ谷	ケクーバー	秋田出身マスターによる和製スペインバル。ワインもタパスも最強。ケクママとのトークも楽しく、終電逃す率6割は私です	東京都杉並区 阿佐ヶ谷南2-19-11 03-3315-5772
阿佐ヶ谷	SUGAR Sake& Coffee	燗酒とエスニックの出会いを楽しむニュー酒場。鹿ビンダルーをアテに変化球を柔軟に楽しむおじさんひとり呑み、素敵です	東京都杉並区 阿佐谷南3-34-9-2F 03-6279-9451
浅草	神谷バー	1880年創業の老舗。デンキブランで有名だが「ここは生だよ」と講釈おじさん。工場直送のスーパードライだから鮮度抜群！だそうな	東京都台東区浅草 1-1-1 03-3841-5400
浅草	大根や	この道50余年の江戸っ子女将の気っ風が気持ちよい浅草奥の渋酒場。「モノが違う」と女将が豪語する牛もつ煮込みは必食！	東京都台東区西浅草 2-8-8 03-3841-4988

浅草	水口	由緒正しき食堂にして酒呑み心をくすぐるアテも豊富。名物は玉ネギと牛肉を秘伝ソースで炒めたいり豚。ビールが進みます	東京都台東区浅草2-4-9 03-3844-2725
浅草橋	西口やきとん	今宵も煙に誘われて。新店もあるが本店の焼き台前でおじさんと横並びがいい。皿ナンコツにカシラ、ボール、これで決まり	東京都台東区浅草橋4-10-2 03-3864-4869
荒木町	酒肴タキギヤ	元気な大将とは対照的に落ち着いた空間。手になじむ白木のカウンターがいい。ぬた、おひたし、粕漬け…渋いつまみで純米酒	東京都新宿区荒木町7-1F 03-3351-1776
淡路町	神田まつや	棒タイ白髪のおじいちゃまが蕎麦前の板わさで白徳利日本酒。もりをたぐってお勘定。サッとが粋な東京老舗蕎麦の風景	東京都千代田区神田須田町1-13 03-3251-1556
淡路町	みますや	東京最古参といわれる酒場。歴史に甘んじず、日本酒ブームに先んじて全国の銘酒をそろえる。こはだ酢など正統酒肴がずらり	東京都千代田区神田司町2-15-2 03-3294-5433
池袋	酒場ふくろ	朝っぱらから一杯やっているおじさん多数。コの字の向かいで繰り広げられる十人十色の世界をアテにホッピーぐびぐび	東京都豊島区西池袋1-14-2 03-3986-2968
池袋	千登利	池袋の昭和酒場。入店するや目に飛び込む大鍋の牛肉豆腐は必食。いぶし銀のご常連は入口すぐのカウンターを定席に憩い酒	東京都豊島区西池袋1-37-15 03-3971-6781
稲田堤	たぬきや	多摩川河川敷のオープンエア酒場。競馬観戦に興じるおじさんたちの手元にはビールにサワー。焼きそばつついて夕風が心地よい	神奈川県川崎市多摩区玉川河川敷 なし

恵比寿	さいき	文豪にも愛された恵比寿の文化遺産。店の女の子に「おかえりなさ～い」と迎えられ、くつろぎの酒を名物えびしんじょと共に	東京都渋谷区恵比寿西1-7-12 03-3461-3367
恵比寿	縄のれん	立ち呑みのもつ焼き。黄色いハイボールとガツ塩がいい。人気ハラミステーキ、たれの作り方は常連のおじさんに聞くべし	東京都渋谷区恵比寿西1-8-4 03-3496-2919
大井町	肉のまえかわ	ほぼ原価の缶ビールやチューハイ、多国籍なオネーサン、キャップのおっちゃん、そして焼きとり。フリーダムな肉屋の立ち呑み	東京都品川区東大井5-2-9 03-3471-2377
大磯	CANCAN	パテカンあり、餃子、焼きめしありの振り幅がたまらない小粋なワイン酒場。「また居た！」と見つかる確率高しはおじさんと私です	神奈川県中郡大磯町867-3 0463-57-7199
大磯	和食 よつ葉	海を愛する大将の丁寧な仕事と、天真爛漫な女将のサービスが酔わせる割烹スタイル酒場。お造りから天ぷらまでモノホンです	神奈川県中郡大磯町大磯1867-1 0463-45-1208
大塚	江戸一	腰をおろすと盆が置かれる。白鷹とにごりで独酌。呑みすぎ客を女将がたしなめる光景はこの先もずっと残したい昭和遺産	東京都豊島区南大塚2-45-4 03-3945-3032
大船	まぁやぁ	石垣島のソウル感じる沖縄酒場。チャンプルも八重山そばも美味だけど、映画音楽談義の泡盛おじさんもここでは佳きつまみ	神奈川県鎌倉市大船2-7-8 0467-43-5065
大宮	いづみや 本店	埼玉のセンベロ此処に在り。ビールは赤星大瓶、焼酎梅割りで肉豆腐がマイベスト。ご隠居さんから20代女子まで令和人間図鑑也	埼玉県さいたま市大宮区大門町1-29 048-641-0211

御徒町	老酒舗	羊串や中華酒菜を前にどんどん呑んでどんどん食べる。呑みぷり食べぷりが痛快な大陸酒場。激安ナチュールでリミッター崩壊	東京都台東区上野 5-10-12 050-5890-4481
押上	まるい	「肉だ！」となれば焼肉よりもつ派。なにもかも新鮮で震えます。ホルモン、仔牛、馬刺しエトセトラを演歌流れるカウンターで	東京都墨田区業平 3-1-1 03-3624-0205
小田原	大学酒蔵	漁港そばのコの字カウンター。席につくより先に「オシツケね」。黙って冷酒が置かれるご隠居さん。起きることすべて学び舎です	神奈川県小田原市 本町2-14-3 0465-22-4573
学芸大学	あめつち	静謐が似合う稀少な酒場。飾らない季節の酒肴と落ち着いた純米酒で「無」になる時間。参っちゃうよね、と隣のおじさん。Me, too	東京都目黒区中町 1-35-7 03-3712-1806
学芸大学	さいとう屋	キンミヤ愛のご夫婦が切り盛る店。いつも満員、大賑わい。客の手元にはキンミヤボトル。ご主人のオリジナル料理も旨し	東京都目黒区鷹番 3-1-4 非公開
神楽坂	恵さき	だしの上質がはっきりわかるおでんは目を見張る旨さ。寡黙な昭和の男前大将を楚々とした女性が支えるカウンターでじっくりと	東京都新宿区神楽坂 3-6 03-5228-2971
鐘ヶ淵	はりや	85年続いた老舗を受け継いだ懐深き女将酒場。大先輩も若者も女子も下町ハイボール。ノン世代がおじさん酒場の新定番なのです	東京都墨田区墨田 2-9-11 03-6657-5359
鎌倉	おおはま	腕利きの女主人が包丁を握る酒菜と日本酒。品数の豊富さ、約20種の野菜小鉢300円に伝わる情熱。おいしくほどける時間	神奈川県鎌倉市御成町 4-15 みゆきビル101 0467-38-5221

鎌倉	鉄砲串	軍鶏と"魂ゆさぶる銘酒"の数々。カウンター前の秀麗な日本酒品書きと男振りよき兄弟の焼く姿を眺めながらシュッと一杯	神奈川県鎌倉市小町2-9-3 0467-23-3221
鎌倉	ヒグラシ文庫	小町通りの裏路地、縄暖簾をくぐればアロハに短パン、あるいは黒ずくめの激渋地元重鎮たちが煙くゆらせ立ち呑んでます	神奈川県鎌倉市小町2-11-11 080-2561-7419
鎌倉	よしろう	小町通りの脇の路地で25年続く小料理屋。和服が粋な女将と鎌倉旦那衆の知的なやりとりはまるで小津安二郎の映画の世界	神奈川県鎌倉市小町2-10-10 0467-23-0667
鎌倉	祖餐	店主が選ぶ自然な造りのワインと日本酒、自由な和食と。ひとつテーブルをみなで囲み、家族のような時間が流れるオアシス	神奈川県鎌倉市御成町2-9 0467-37-8549
茅場町	かめじま商店	酒屋経営の角打ちビストロ。クラフトビールかナチュラルワインをスタンディングで一杯ひっかけてさて今宵はどこへゆこう	東京都中央区日本橋茅場町1-12-11 03-6661-7253
茅場町	ニューカヤバ	酒を注ぐのもセルフ（自販機に100円入れるとジャー、日本酒とトリスが出てくる）、焼きとり焼くのもセルフのオトナの遊技場	東京都中央区日本橋茅場町2-17-11 非公開
北鎌倉	こころや	誠実な若夫婦が営む和食店。近海物の魚介を選りすぐりの日本酒で。「誰にも教えないでよ〜」とお隣おじさん、ごめんね	神奈川県鎌倉市山ノ内1386 0467-40-6507
北千住	酒屋の酒場	駅からチト遠いが千住市場から仕入れるピチピチ魚が100円台から！　安くて旨い。つまりは、おじさんが集まる場所	東京都足立区千住中居町27-17 03-3882-2970

北千住	千住の永見	北千住を代表する大衆酒場。グループ客で賑わうなか、１階カウンターにご注目。我関せずと呑み進めるおじさまの列アリ	東京都足立区千住2-62 03-3888-7372
清澄白河	酒と肴ぼたん	和服に割烹着のニュー女将酒場。豊洲で買い付ける上質食材を巧みにあやつりどんな客も唸らせる酒肴に。女将のツンデレも♡	東京都江東区白河2-9-2 070-6474-4139
銀座	麦酒るぷりん	酒も食材も「日本のもの」をコンセプトにした酒場。今宵は、バーのような空間でひねりの利いた酒肴とクラフトビールと洒落込もう	東京都中央区銀座6-7-7-3F 03-6228-5728
錦糸町	小松	開け放たれた入口にビニールカバー。週末は馬券、競馬新聞片手のおじさんたちの博打熱がすごい、これぞ錦糸町酒場	東京都墨田区江東橋2-16-10 03-3631-3369
錦糸町	三四郎	白木のコの字カウンターに白髪ご常連が琥珀酎ハイで鰻くりから焼き。着物が粋な女将さんの客あしらいがお江戸下町！	東京都墨田区江東橋3-5-4 03-3633-0346
京成立石	江戸っ子	ボールは氷なし濃いめ。ここは刺し推し。肉の味が濃くて旨い。なにより、店のママの福々しさたるや、もはや名物、福の神	東京都葛飾区立石7-1-9 03-3694-9593
京成立石	串揚100円ショップ	その名のとおり串揚げオール100円の立ち吞み。毒舌下ネタ多めのアニキだが女性はみな「姫」に。ツンデレに酔いたい	東京都葛飾区立石7-2-11 非公開
京成立石	ミツワ	超ドライなボールに大ぶりカシラを噛み締めれば、労働の疲れもふっ飛ぶというもの。相席おじさんとの会話も弾みます	東京都葛飾区立石1-18-5 03-3697-7276

京成立石	宇ち多	ワタシ的もつ焼き最高峰。10年通い、ようやく「たん生酢、ナンコツ味噌、レバわか焼き。梅割り！」と淀みなく注文できるように	東京都葛飾区立石1-18-8 03-3697-5738
桜木町	タツノコ	野毛、都橋商店街のマイ隠れ家。割烹店で修業したキャップの似合う店主による美意識感じる和食と日本酒。狭いので予約を	横浜市中区宮川町1-1-2F 070-4300-3121
桜木町	小半	目映いばかりに輝くシコイワシの刺身にコップ酒。馬刺しもいっちゃおうか。座敷もあるけどカウンターは独酌おじさんの特等席です	神奈川県横浜市中区花咲町1-30 045-231-9137
桜木町	野毛ウエストエンド	国産シードルとクラフトビール専門店。昭和酒場の雰囲気そのままに店主渾身のツマミがうまい。これまたおじさん酒場の新しい姿	神奈川県横浜市中区宮川町2-16 045-231-0133
桜木町	福田フライ	立ち呑み串揚げ。ソースは「普通の」とニンニク唐辛子を効かせた「辛いの」。冷房ナシの店内で、ビールにフライで暑気払い	神奈川県横浜市中区野毛町2-71 非公開
渋谷	丸木屋商店	奥渋谷に奇跡の角打ち。アパレル系若者も多いが毎日通うおじさんも。店のねえさんの日本酒の両刀注ぎは見物です	東京都渋谷区神山町7-5 03-3467-7668
渋谷	立ち飲みなぎ	福島オンリーの日本酒が30、40銘柄揃うオトナの立ち飲み。酒豪なカワイコちゃんにタジタジおじさん、毎回お見かけしますね	東京都渋谷区道玄坂2-20-7 03-6416-5257
渋谷	高太郎	「酒場は店主そのもの」な名店。シンプルにひと色添えた個性が光る酒肴に純米酒。美意識に貫かれた空間はベテランも満足	東京都渋谷区桜丘町28-2-1F 03-5428-5705

自由が丘	ほさかや	昭和の佇まいが残る年季の入ったコの字カウンターで鰻串。口開け早々、煮こごりやからくり焼きで一番搾りをぐびぐび	東京都目黒区 自由が丘1-11-5 03-3717-6538
新宿	カブト	煤けた壁も時が止まったかのような遺産酒場で、鰻串をかじり、ビールをちびり。そんなおじさんに会いたいなら口開け14時に	東京都新宿区西新宿 1-2-11 03-3342-7671
新宿	ささもと	思い出横丁、女性のみの入店禁止（なんでよ！)。キンミヤ梅割り＋もつの孤高おじさんばかりだったが、最近は国際色豊か	東京都新宿区西新宿 1-2-7 03-3344-3153
新宿	千草	創業昭和11年。早い時間は白髪上品なおじいさん世代が憩っている隠れた名店。役者や芸人も愛する古き良き新宿酒場	東京都新宿区新宿 3-34-3 03-5357-7822
新橋	裏なんくるないさ	なんくるないさ～。今宵もオリオンジョッキに一升瓶泡盛がじゃんじゃか空いて。沖縄好きおじさんたちの熱気がめんそ～れ	東京都港区新橋 4-18-4 村上ビル2F 03-3434-0025
新橋	美味ぇ津"	コの字・ホッピー・煮込みLOVEな夫婦が開いた肉のワンダーランド。女将手製のお通しに和み、極上のモツ料理に我を忘れ喰らう	東京都港区新橋 4-21-7 090-2315-8057
新橋	大露路	つまみオール300円。相席のおじさんにならい分厚いハムカツとポテサラやメンチと合い盛りに。トマトハイ、おかわり！	東京都港区新橋 3-10-6 03-3431-0708
新橋	たこ助	新橋駅前ビル１号館、地下の極小立ち呑み。ママのコントロールの下、界隈勤務のおじさま方との会話でトリハイダブル	東京都港区新橋 2-20-15-B1F 03-3574-6350

銀座	ロックフィッシュ	銀座コリドー街、ワタシ的日本一のハイボール立ち呑み。夕刊広げゆるりと過ごすダンディなおじさま目当てに14時入りです	東京都中央区銀座7-3-13-7F 03-5537-6900
神保町	兵六	酒場は学舎。末席で諸先輩方の所作を盗み見、炒豆腐に焼酎お湯割りちびり。まだまだ酒修業が足りぬと姿勢を正す	東京都千代田区神田神保町1-3 非公開
水道橋	もつ焼きでん	渋谷、中目黒にもある元気なもつ酒場。大ぶりの串で肉欲を満たし「酢豆腐」でサッパリすれば永遠ループのレモンサワー	東京都千代田区三崎町2-12-7-1F 03-6674-1321
代田橋	しゃけスタンド	鮭の名店「しゃけ小島」のスタンディング。キッチュな店内。エプロン女子愛でつつ志賀高原IPAとしゃけアテやカレーでゆるり鮭	東京都杉並区和泉1-3-15めんそーれ大都市場内 なし
立石	ブンカ堂	向かいとキッスできそうな至近コの字でヴァンナチュールや純米酒で憩う個性派たち。立石の大型ルーキー、すでに町の顔だね	東京都葛飾区立石4-27-9 03-5654-9633
立石	四ツ木製麺所	うどん一筋40余年の柔和なご主人がまず素敵。小松菜練り込んだ讃岐うどんで麺呑みも、豊洲からの鮮魚つまみも立石価格、涙	東京都葛飾区東立石2-11-7 03-5670-7610
茅ヶ崎	SAKEトト	ビル２階の風通しのよい日本酒スタンド。バルみたいにしたかった店主のイメージが具現化。和タパスでさくっともじっくりも。	神奈川県茅ヶ崎市幸町23-16-2F 050-5595-0726
茅ヶ崎	ウィッシュボーン	漁師の店主が獲る地魚と日本酒、美人ママ目当てに、毎夜、茅ヶ崎ローカルがゴキゲンなグルーヴをつくっている。ヤーマン！	神奈川県茅ヶ崎市中海岸4-1-12 0467-39-5277

月島	岸田屋	東京三大煮込みのひとつ。並んでもこの店のコの字に座れた喜びは大きい。年季の入った壁と美しい女将の所作を眺めながら	東京都中央区月島 3-15-12 03-3531-1974
月島	げんき	月島の路地裏、オープンエアの軒先、缶ビールにとろとろの牛もつを。「もつは豚より牛がうまいのよ」とは店のおかあさん談	東京都中央区月島 3-8-6 03-3531-5900
辻堂	きくむら	昭和な看板に吸い込まれた先は、L字カウンターに辻堂おじさんがやきとん&ホッピーで憩う社交場。東海道線の音が旅情を誘う	神奈川県藤沢市辻堂 1-1-20 0466-34-5006
辻堂	炭焼食堂 まるてつ	近所にあったら毎日でも通いたい。朝締め焼きとり、湘南地魚と地野菜で神奈川の酒丹沢山が進む進む。今宵もダッシュで終電	神奈川県藤沢市辻堂 1-10-29 0466-36-8930
東京	ふくべ	東京駅近に渋い構え。漏れるくさやのにおい。L字カウンターでは背広族が白徳利で止まり木中。ご主人の燗付けも見もの	東京都中央区八重洲 1-4-5 03-3271-6065
中野	らんまん	〆鯖が忘れられない。聞けば注文を受けてから酢〆にするという。大正の粋な店を構え、本物を知る紳士淑女に愛され50余年	東京都中野区中野 5-59-10 03-3387-0031
中野	路傍	中野の喧噪に佇む孤高の炉端焼き酒場。酒は千福樽酒。目刺しなど渋いアテに升酒をちびり。黙ってひとり呑みたいときに	東京都中野区中野 5-55-17 03-3387-0646
生麦	大番	魚河岸の町、キリンの町、生麦。いわし刺し、鮪ブツ、身厚アジフライが安くててんこ盛り。キリンラガー大瓶で至福の立ち呑み	神奈川県横浜市鶴見区生麦3-6-5 045-521-6800

西新井	nibu	大衆酒場に魅了された若き店主の酒場バル。日本酒、クラフトビール、ワイン各種。ツウおじさんは肉屋のハムエッグで日本酒	東京都足立区関原3-28-11 03-3886-2270
西荻窪	酒蔵千鳥	昭和30年創業のおでんや。カウンターにはスマホなど無縁の凛としたおじさんたち。店に惚れ老舗の看板を守った４代目あっぱれ	東京都杉並区西荻南3-10-2 03-3332-7111
西小山	フジミドウ	ピンク色のモツとロゼに魅せられたイタリアマンマのカウンター酒場。引き出し広いつまみと話題に、おじさん「クセになるんだよね」	目黒区原町1-3-15 問い合わせはFacebook
人形町	笹新	甘酒横丁で100年。〆加減が素晴らしい〆鯖とカウンター上の大皿料理を見繕い、「お酒」といえば沢の鶴。これぞ大人の時間	東京都中央区日本橋人形町2-20-3 03-3668-2456
幡ヶ谷	SUPPLY	おじさん酒場界にきら星のごとく登場、居酒屋寄りのイタリアン。若い夫婦のカジュアルだけど本気な仕事に惚れ通うおじさん多数	東京都渋谷区幡ヶ谷1-5-6 問い合わせはFacebook
初台	マチルダ	乙女チックな赤い外観。縁遠いかと思いきや、リス的な女性店主との距離近いワインバーは、ワイン好きおじさんのオアシスでした	東京都渋谷区初台1-36-1 03-5351-8160
東神奈川	根岸家	ここはおじいさん酒場!?　開店直後のコの字カウンターを見ての感想。魚がいずれも素晴らしく小あじ酢なんて小粋な酒肴も◎	神奈川県横浜市神奈川区東神奈川１丁目10-1-1F 045-451-0700
東銀座	三ぶん離亭	歌舞伎座裏の酒亭。小体ながらこだわり銘酒ぞろい。骨董の器でいただく板前料理の洗練をリーズナブルに。デートにどうぞ	東京都中央区銀座3-11-7 090-3202-5744

十条	斎藤酒場	いつか酒場の暖簾の本を書くなら冒頭はここ。若い人も増えたが、やっぱり似合うのは人生重ねたおじさんたちなのです	東京都北区上十条2-30-13 03-3906-6424
東日本橋	江戸政	「オレは生タタキと瓶で30分」。ここは両国橋のたもと、レアなつくねが名物の立ち呑み。粋なおじさん真似て30分一本勝負。爽快！	東京都中央区東日本橋2-21-5 03-3851-2948
藤沢	純米酒酒場しぇんろん	神亀の純米酒を中心に昔ながらの造りの純米酒オンリーに地場産にこだわるオーガニック酒場。〆は全粒粉麵の名物油そばで	神奈川県藤沢市南藤沢6-15 0466-50-5093
町田	柿島屋	ここは馬肉酒場。広い店内に長テーブルでは半被姿の祭り打ち上げ旦那衆が乾杯。焼酎梅割りに馬刺し、もちろんにんにく醬油で	東京都町田市町田6-19-9 042-722-3532
町屋	ときわ	生姜焼き、カレー、餃子、ナポリタン……これぞ食堂吞みパラダイス。店内に充ち満ちるおじさんの波に揺られ酒とミックスフライ	東京都荒川区荒川7-14-9 03-3805-2345
溝口	かとりや	トタン屋根の下の焼き鳥屋。店内より夜風に吹かれる立ちがいい。おじさんに混じりひとり女性、隣の古書店店主の乱入もアリ	神奈川県川崎市高津区溝口2-7-13 044-822-8802
三ノ輪	弁慶	1本50円の煮込みは串タイプ。常連は大鍋から自分で好みのところをとる。キンミヤに自家製炭酸のボールがキリリと旨い	東京都荒川区南千住1-15-16 03-3806-1096
武蔵小山	豚星	老いも若きも大盛り上がりの大衆酒場の新しいカタチ。ビストロ出身シェフのパンチの効いたつまみで酒だ、ワインだ、梅割りだ	東京都品川区小山4-3-6 03-3787-1224

門前仲町	大坂屋	名物牛煮込みは串に刺したタイプで甘め。焼酎梅割りで黙々過ごすおじさんのストイックなことよ。いや女子トークに聞き耳？	東京都江東区門前仲町2-9-12 03-3641-4997
門前仲町	だるま	美人三姉妹が切り盛る有名店。スタッフは20代女子。熟女派、若い娘派のおじさんを眺めながらニヤニヤが楽しいコの字ワールド	東京都江東区門前仲町2-7-3 03-3643-4489
門前仲町	魚三酒場富岡店	「お客さん、もう仕舞いにしなよ」。４杯目のコップ酒を頼もうとしたおじさんがたしなめられていた。薄暮、コの字、魚三の風景	東京都江東区富岡1-5-4　1～4F 03-3641-8071
祐天寺	もつ焼きばん	「レモンサワーととんびがあれば」。いつかのおじさんの台詞。生レモンたっぷりのサワーと豚の尾尻の煮込みは不朽の名作	東京都目黒区祐天寺2-8-17 050-5869-3577
横須賀中央	大衆酒場ぎんじ	米軍風俗が目につく横須賀の遺産的な酒場。手沢で滑らかなＬ字カウンターに裸電球。白徳利に湯豆腐でひとり酒が似合う	神奈川県横須賀市若松町1-12 046-825-9111
横浜	味珍（マイチン）	豚の頭や尾などの珍部位を、薬缶から注ぐ焼酎梅割りで。「ああ、もっと酢を入れないと」。おじさんの手ほどき受けつつ重ね酒	神奈川県横浜市西区南幸1-2-2 045-312-4027
四ツ木	大衆酒場ゑびす	７ｍもの暖簾が圧巻。250以上ある壁の品書きは壮観。とにかく魚！　カワハギ刺しは肝醤油で贅沢に。生うにもこぼれんばかり	東京都葛飾区四ツ木1-28-8 03-3694-8024
四ツ谷	スタンディングルーム鈴傳	酒屋「鈴傳」の角打ちコーナー。手作り総菜をアテに日本酒をクイッ。常連おじさんと店のおかあさんとの会話が“有線放送”	東京都新宿区四谷1-10 03-3351-1777

四谷三丁目	たく庵	だしの香りに包まれる椀ものから始まる夜。若い夫婦の生真面目な仕事ぶりが心地よいカウンター酒場。酒も肴も逸品です	東京都新宿区四谷3-13-1-B1F 03-3357-0543
両国	麦酒倶楽部ポパイ	地ビール解禁から歴史を刻むクラフトビールの聖地。圧巻の100タップ前が特等席。ハッピーアワーで至福のおじさんと乾杯！	東京都墨田区両国2-18-7 03-3633-2120
早稲田	志乃ぶ	早稲田大学そばの人気おでん屋。教授や学生に混じって、白木カウンターでひとり呑ってるおじさん。傍らには『居眠り磐音』の文庫本	東京都新宿区西早稲田1-19-17 03-3203-1648

おわりに

ひとりで呑みにいくようになったのは、三〇代も半ばを過ぎたころだった。人生も折り返しに差し掛かろうとしているのに、何も成し遂げていないような気がしていた。息苦しさを振り払いたくて、たまたまひとりで入った荒木町の古い酒場。その居心地のよさはいまでも記憶に残っている。長年、多くの客を受け入れてきた店にしか醸し出せない独特の雰囲気。その日以来、昭和から続く年季の入った暖簾をくぐるのが楽しみになった。

たいていは家族経営で、カウンターと小上がりやテーブル席がいくつかあるだけの小さな店。古くとも手入れが行き届いている店内、さりげなく客を見守る店のご主人や女将さんの配慮、手間と心の感じられる肴……。長く続いている店は、自分たちが大切にすべきことが明確だ。それを貫き通している芯もある。なにより、女ひとりで入っても自然と場に馴染める。男だろうが女だろうが、ひとり客を受け入れる空気が備わっているのがありがたかった。

名酒場に欠かせないもうひとつの要素。それは、「ここが我が居場所」と日々通うおじさんたちである。居心地のいい酒場には、かならず味わい深い彼らの姿があった。「おじさん」という新ジャンルを築き、いっしょに酒場探訪をしてきたなかむらるみ画伯は、「酒場はおじさんがいないと締まらない」という。ひとり呑みの女性はずいぶん増えたけれど、どんなに時代が変わっても、わたしたちがその役目を担うことは絶対にない。

なぜ、いい酒場にはいいおじさんがつきものなのだろうか。

これまでいろんなおじさんを酒場で見てきた。身の上話を滔々と語るおじさん、決まった曜日、決まった時間にやってきて同じものを注文するおじさん、唐突にものをくれるおじさん、宙を睨みながら黙々と呑むおじさん……。どのおじさんも唯我独尊。酒場という舞台で、いきいきと演じる名役者たちだった。

あるとき、るみ画伯と訪れた南千住の家族酒場「丸千葉」で、ボトルからつくる酎ハイの酒量の調節に手こずっていると、隣の白髪おじさんが教えてくれた。

「濃かったら炭酸を足せばいい。薄かったら酒を足せばいい。好きにやれるのがボトルのいいところだよ」

そうだ。酒場のおじさんたちは、みんな「好きにやっている」。その感じがいい。

歳だの仕事だの家族だの、そんな一切合切を切り離したところで酒を呑んでいる。空気など読まず、何を思われようが構わず、我が道を突き進むおじさんたち。それでいて、ばっちり絵になる。若者にはとうてい出せない雰囲気。酒場ではイケメンよりおじさんが光るのだ。

毎回、いい出会いに恵まれたわけではない。むしろ、不発に終わることのほうが多かった。それでも、驚きと笑いと涙をつれてきてくれるおじさんと呑む酒に、わたしは絶景を見ていた。

本書には、二六軒の懐深き温かな酒場と、そこで出会ったおじさんたちの物語を収録した。すべてを振り返ると、どのおじさんからも「好きにやればいいんだよ」といわれていたような気がする。

酒の呑み方も、生き方も、自由。自分がやりたいようにやればいい。

「おじさん酒場」はわたしにとって、人生道場なのだ。

山田真由美

約六年前、はじめて著者の山田さんに会った日、立石の「串揚100円ショップ」に連れていってもらって、甘くない酎ハイを飲みました。ビールかワインかレモンサワーくらいしか知らなかったわたしは、そのおいしさと安さに感激しました。

それから少しずつ、酒場というものの空気感、安さ、おいしさ、大将の働きぶり、おかみさんの気遣い、などを知ることになりました。はじめて入るときは少し勇気がいるのですが、食べて酔う以上の何かがそこにはあり、毎回ホクホクした気持ちで店を出ました。

そして、いい酒場には絶対にいいおじさんがいます。

人生の酸いも甘いも知るおじさんは、口コミにものらないし、インスタ映えも気にしません！　安いか、旨いか、居心地がいいか、何気ない顔をして厳しいジャッジを下しているのです。

というわけで、おじさん酒場にハズレなし！

未開拓な人はぜひ行ってみてください。

なかむらるみ

文庫版あとがき　酒場よ、永遠なれ

『おじさん酒場』は、二〇一七年一〇月に亜紀書房より刊行された。取材はその三年以上前からスタートしていたので、もう七年が過ぎたことになる。

残念ながら惜しまれて閉店した店が二つ。渋谷「富士屋本店」と藤沢「久昇」である。いずれも昭和から歴史を刻む銘酒場として広く知られた店だった。もう二度と行くことはできないけれど、だからこそ記録として残す意義があると考え、そのまま掲載することにした。ご了承ください。

さて、あれから七年。

いまも変わらず酒場のおじさんたちへの興味関心は尽きない。でも、先日、相棒のなかむらるみさんと家呑みしていて、お互い気づいてしまったことがある。

それは、おじさんの域が少しわかるようになってきたという、喜んでいいものやら……な事実である。

あのころ我々は、酒場で出会うおじさんたちがとる行動や、お店のひととのやりとりがいちいち新鮮で、自分たちが呑むのも忘れて夢中で観察していた。おいしそうなつまみが品書きに並んでいるのに、決まった酒と肴しか頼まないとか。手ぶらでふらっと入ってきて、虚空と酒を相手に自分の世界を愉しむとか。全力でおじさんギャグを飛ばそうとすればするほど、失笑を買ってしまう切なさとか。唐突に、あげるといわれても困るもの（自作の詩集、ペットのスナップ写真、収集した河原の石などなど……）を差し出すとか。我々には到底マネのできない芸当を、おじさんたちはこともなげに披露してくれた。

そういう生態に、あるときは淡い憧憬を抱き、あるときはなごみ、またあるときは度肝を抜かれたりしてきた。

さすがにこの境地には至れないけれど（至らなくていいけれど）、酒場でふとした瞬間に、これって「おじさんあるあるだねぇ」と喜んで眺めていたアレじゃない⁉ とハッとすることが出てきたのだ。前はなかったのに！

ある呑み友おじさんは、昔から生でも瓶でもビールをグラスに少しだけ残すクセがある。まだありますよ、というと、「うまくないでしょ」とぷいっ。見向きもしない。もったいないなあといつも思っていたのだが、最近わたしも、気づくとグラスに少しだけビールが残っていたりして、驚愕する。えええ、あんなに忌み嫌っていた〝ビールちょい残し〟をなぜ自分も⁉　と。

なんと、るみ氏もおんなじだという。「最後、ちょこっと残しちゃうのあれなんですかね……」。我がコトながら、ふたりで首をかしげてしまうのである。

とまあ、どうでもいいことだけれど、着実に歳を重ねたわたしたち。おじさんたちの呑み方に近づいちゃったのかもしれない。これから先は、よりいっそう、おじさんの横に並んで違和感のない自分たちになっていくのだろう。

文庫化にあたり、久しぶりに「おじさん酒場」コンビを復活。ふたりで酒場の聖地、京成立石と南千住を巡礼してきた。二〇二一年四月、コロナ禍で東京に三度目の緊急事態宣言が発令される数日前のことだ。南千住については、新しく書き下ろしたので本篇をお読みいただければと思う。

世間は自粛ムード。聖地もひっそり？　そんな不安があったが、立石の仲見世商店街入口に立ち、一気に吹き飛んだ。もつ焼きの名店、「宇ち多」にも、立ち食いの「栄寿司」にも行列ができているではないか。自分の番をいまかいまかと待ちかまえているおじさんたちを確認し、安心した我々は、線路を渡って「江戸っ子」へ向かった。ここも明るいうちから賑わう〝立石の関所〟である。

見慣れた酒場の光景が、やっぱり広がっていた。カウンターでは、ご常連たちが炭酸の暴れる焼酎ハイボール（通称ボール、濃ゆい！）と大ぶりのもつ焼きでのびのび呑っている。パンチのきいたおねえさんたちの豪快な接客も、大女将が女神の微笑みで鎮座まします姿も、ひとつも変わらない。

わたしはその光景に、ちょっと泣きそうになった。

世の中がどんなふうになっても、酒場は失われたりしない。そう信じることができたからだ。

おじさんたちはどんな制限にも負けず、自分たちの日常を守ろうとしていた。酒場がよいをやめないひとがいて、彼らの居場所を守る大将がいる。女将がいる。

なんてたくましい、人間の営みだろうか。

酒場は、たくさんのひとたちが守ってきた、みんなの居場所。ひとが居るところに酒場あり。だから、ここは永遠なのだ。

二〇二一年、梅雨の季節に　　　　山田真由美本書は、二〇一七年一〇月一一日に亜紀書房から刊行された『おじさん酒場』に加筆修正を加え、「26　安全地帯なおじさん」を増補し、「酒場名店案内」を更新して文庫化したものです。

銀座の酒場を歩く　太田和彦

当代きっての居酒屋の達人がゆかりの街・銀座を呑み歩き。老舗のバーから蕎麦屋まで、銀座の酒場の粋と懐の深さに酔いしれた73軒。（村松友視）

大阪　下町酒場列伝　井上理津子

夏はビールに刺身。冬は焼酎お湯割りにおでん。呑ん兵衛たちの喧騒の中に、ホッとする瞬間を求めて、歩きまわって捜した個性的な店の数々。

旅情酒場をゆく　井上理津子

ドキドキしながら入る居酒屋。心が落ち着く静かな店も、常連に囲まれ地元の人情に触れた店も、それもこれも旅の楽しみ。酒場ルポの傑作！

中央線で行く東京横断ホッピーマラソン　大竹聡

東京〜高尾、高尾〜仙川間各駅の店でホッピーを飲む！　文庫化にあたり、仙川〜新宿間を飲み書き下ろし、各店データを収録。（なぎら健壱）

多摩川飲み下り　大竹聡

始点は奥多摩、終点は川崎。多摩川に沿って歩き下っては、飲み屋で飲んだり、川原でツマミと缶チューハイ。28回にわたる大冒険。（高野秀行）

酔っぱらいに贈る言葉　大竹聡

古今東西の小説家、落語家、タクシー運転手等が残した酒にまつわる約五十の名言をもとに、著者が酒の底なしの魅力について綴る。（戌井昭人）

酒場めざして　大川渉

東京の街をアッチコッチ歩いた後は、酒場で一杯！繁華街の隠れた名店、場末で見つけた驚きの店などを酒場の達人が紹介。（堀内恭）

泥酔懺悔　朝倉かすみ、中島たい子、瀧波ユカリ、平松洋子、室井滋、中野翠、西加奈子、山崎ナオコーラ、三浦しをん、大道珠貴、角田光代、藤野可織

泥酔せずともお酒を飲めば酔っ払う。お酒の席は飲める人には楽しく、下戸には不可解。お酒を介した様々な光景を女性の書き手が綴ったエッセイ集。

バーボン・ストリート・ブルース　高田渡

流行に迎合せず、グラス片手に飄々とうたい続け、いぶし銀のような輝きを放ちつつ逝った高田渡の酔いどれ人生、ここにあり。（スズキコージ）

開高健ベスト・エッセイ　開高健／小玉武編

文学から食、ヴェトナム戦争まで——おそるべき博覧強記と行動力。「生きて、書いて、ぶつかった」開高健の広大な世界を凝縮したエッセイを精選。

ちゃんと食べてる？　有元葉子

元気に豊かに生きるための料理とは？　食材や道具の選び方、おいしさを引き出すコツなど、著者の台所の哲学がぎゅっとつまった一冊。（高橋みどり）

昭和の洋食　平成のカフェ飯　阿古真理

小津安二郎『お茶漬の味』から漫画『きのう何食べた？』まで、家庭料理はどのように描かれてきたか。食と家族と社会の変化を読み解く。（上野千鶴子）

イギリス人の知恵に学ぶ「これだけはしてはいけない」夫婦のルール　ブランチ・エバット　井形慶子監訳

一九一三年に刊行され、イギリスで時代を超えて読み継がれてきたロングセラーの復刻版。現代の日本でも妙に納得できるところが不思議。

よみがえれ！　老朽家屋　井形慶子

吉祥寺商店街近くの昭和の一軒家を格安でリフォーム、念願の店舗付住宅を手に入れるまで。住宅エッセイの話題作、ついに文庫化！

突撃！　ロンドンに家を買う　井形慶子

ロンドンの中古物件は古いほど価値がある。夢を果たすために東奔西走、お屋敷から公団住宅まで歩いて知った英国式「理想の家」の買い方。（菊地邦夫）

英語に強くなる本　岩田一男

昭和を代表するベストセラー、待望の復刊。暗記やテクニックではなく本質を踏まえた学習法は今も新鮮なわかりやすさをお届けします。（晴山陽一）

英単語記憶術　岩田一男

単語を構成する語源を捉えることで、語の成り立ちを理解することを説き、丸暗記では得られない体系的な英単語習得を提案する50年前の名著復刊。

英熟語記憶術　岩田一男

英語のマスターは熟語の征服にかかっている！　単語を英語的な発想法で系統的にとらえることにより、派生する熟語を自然に理解できるよう目指す。

英絵辞典　岩田一男　真鍋博

真鍋博のポップで精緻なイラストで描かれた日常生活の205の場面に、６０００語の英単語を配したビジュアル英単語辞典。（マーティン・ジャナル）

サヨナラ、学校化社会　上野千鶴子

東大に来て驚いた。現在を未来のための手段とし、偏差値一本で評価を求める若者。ここからどう脱却する？　丁々発止の議論満載。（北田暁大）

パーソナリティ障害がわかる本 岡田尊司

性格は変えられる。「パーソナリティ障害」を「個性」に変えるために、本人や周囲の人がどう対応し、どう工夫したらよいかがわかる。（山登敬之）

学校って何だろう 苅谷剛彦

「なぜ勉強しなければいけないの？」「校則って必要なの？」等、これまでの常識を問いなおし、学ぶ意味を再び摑むための基本図書。（小山内美江子）

独学のすすめ 加藤秀俊

教育の混迷と意欲の喪失には出口が見えないが、IT技術は「独学」の可能性を広げている。「やる気」という視点から教育の原点に迫る。（竹内洋）

愛の本 菅野仁・文 たなか鮎子・絵

他人との〈つながり〉はどう距離をとり、育んでいけばよいのか。名著『友だち幻想』へと続くテーマを著者が考え続け、優しくつづった幸福のデザイン。

バナナの皮はなぜすべるのか？ 黒木夏美

定番ギャグ「バナナの皮すべり」はどのように生まれたのか？ マンガ、映画、文学……あらゆるメディアを調べつくす。（パオロ・マッツァリーノ）

発声と身体のレッスン 鴻上尚史

あなた自身の「こえ」と「からだ」を自覚し、魅力的に向上させるための必要最低限のレッスンの数々。続ければ驚くべき変化が！（安田登）

にっぽん洋食物語大全 小菅桂子

カレー、トンカツからテーブルマナーまで――日本人は如何にして西洋食を取り入れ、独自の食文化として育て上げたのかを解き明かす。（阿古真理）

やる気も成績も必ず上がる家庭勉強法 齋藤孝

勉強はやれば必ずできるようになる！ ちょっとしたコツで勉強が好きになり、苦痛が減る方法を伝授する。家庭で親が子どもと一緒に学べる方法とは？

戦闘美少女の精神分析 斎藤環

ナウシカ、セーラームーン、綾波レイ……「戦う美少女」たちは、日本文化の何を象徴するのか。「おたく」「萌え」の心理的特性に迫る。（東浩紀）

ひきこもりはなぜ「治る」のか？ 斎藤環

「ひきこもり」研究の第一人者の著者が、ラカン、コフート等の精神分析理論でひきこもる人の精神病理を読み解き、家族の対応法を解説する。（井出草平）

「ひきこもり」救出マニュアル〈理論編〉　斎藤環

「ひきこもり」治療に詳しい著者が、Q&A方式で、ひきこもりとは何か、どう対応すべきかを示している。すべての関係者に贈る明日への処方箋。

「ひきこもり」救出マニュアル〈実践編〉　斎藤環

「ひきこもり」治療に詳しい著者が、具体的な疑問に答えた、本当に役に立つ処方箋。理論編に続く、実践編。参考文献、「文庫版　補足と解説」を付す。

キャラクター精神分析　斎藤環

ゆるキャラ、初音ミク、いじられキャラetc.。現代日本に氾濫する数々のキャラたち。その諸相を横断し、究極の定義を与えた画期的論考。（岡崎乾二郎）

承認をめぐる病　斎藤環

人に認められたい気持ちに過度にこだわると、さまざまな病理が露呈する。現代のカルチャーや事件から精神科医が「承認依存」を分析する。（土井隆義）

わたしの三面鏡　沢村貞子

七十歳を越えた「脇役女優」が日々の暮らしと、一喜一憂する心を綴ったエッセイ集。気丈に、しかし心おだやかに生きる明治女の矜持。（近藤晋）

老いの道づれ　沢村貞子

夫が生前書き残した「別れの手紙」には感謝の言葉が綴られていた。著者最晩年のエッセイ集。巻末に黒柳徹子氏との対談を収録。（岡崎栄）

家族を亡くしたあなたに　キャサリン・M・サンダーズ　白根美保子訳

家族や大切な人を失ったあとには深い悲しみが長く続く。悲しみのプロセスを理解し乗り越えるための、思いやりにあふれたアドバイス。（中下大樹）

本番に強くなる　白石豊

メンタルコーチである著者が、禅やヨーガの方法をとりいれつつ、強い心の作り方を解説する。「ここ一番」で力が出ないというあなたに！（天外伺朗）

増補　オオカミ少女はいなかった　鈴木光太郎

サブリミナル効果は捏造だった？　虹が3色にしか見えない民族がいる？　否定されているのによみがえる、心理学の誤信や迷信を読み解く。

子は親を救うために「心の病」になる　高橋和巳

子は親が好きだからこそ「心の病」になり、親を救おうとしている。精神科医である著者が説く、親子という「生きづらさ」の原点とその解決法。

酒呑みの自己弁護　山口瞳
酒場で起こった出来事、出会った人々を通して、世態風俗の中に垣間見える人生の真実をスケッチする。イラスト＝山藤章二。（大村彦次郎）

山口瞳ベスト・エッセイ　山口瞳　小玉武編
サラリーマン処世術から飲食、幸福と死まで。――幅広い話題の中に普遍的な人間観察眼が光る山口瞳の豊饒なエッセイ世界を一冊に凝縮した決定版。

ベランダ園芸で考えたこと　山崎ナオコーラ
ドラゴンフルーツ、薔薇、ゴーヤーなど植物を育て、生と死を見つめた日々。『太陽がもったいない』を改題、書き下ろしエッセイを新収録！（藤野可織）

みみずく偏書記　由良君美
才気煥発で博識、愛書家で古今東西の書物に通じた著者が、書狼に徹し書物を漁りながら、読書の醍醐味を多面的に物語る。（富山太佳夫）

みみずく古本市　由良君美
博覧強記で鋭敏な感性を持つ著者が古本市に並べるのは時を経てさらに評価を高めた逸品ぞろい。新刊書に飽き足らない読者への読書案内。（阿部公彦）

東京の戦争　吉村昭
東京初空襲の米軍機に遭遇した話、寄席に通った話。少年の目に映った戦時下・戦後の庶民生活を活き活きと描く珠玉の回想記。（小林信彦）

事物はじまりの物語／旅行鞄のなか　吉村昭
長篇小説の取材で知り得た貴重な出来事に端を発した物語の数々。胃カメラなどを考案したパイオニアたちの話と旅先での事柄を綴ったエッセイ集の合本。

パンツの面目ふんどしの沽券　米原万里
キリストの下着はパンツか腰巻か？　幼い日にめばえた疑問を手がかりに、人類史上の謎に挑んだ、抱腹絶倒＆禁断のエッセイ。（井上章一）

言葉を育てる米原万里対談集　米原万里
この毒舌が、もう聞けない……類い稀なる言葉の遣い手、米原万里さんの最初で最後の対談集。VS.林真理子、児玉清、田丸公美子、糸井重里ほか。

ひと皿の記憶　四方田犬彦
諸国を遍歴した著者が、記憶の果てにぼんやりと光るひと皿をたぐりよせ、追憶の味（あるいは、はたせなかった憧れの味）を語る。書き下ろしエッセイ。

しぐさで読む美術史　宮下規久朗

西洋美術では、身振りや動作で意味や感情を伝える。古今東西の美術作品を「しぐさ」から解き明かす『モチーフで読む美術史』姉妹編。図版200点以上。

落語家論　柳家小三治

この世界に足を踏み入れて日の浅い、若い噺家に向けて二十年以上前に書いたもので、これは、あの頃の私の心意気でもあります。（小沢昭一）

落語こてんパン　柳家喬太郎

現在、最も人気の高い演者の一人として活躍する著者が、愛する古典落語についてつづったエピソード満載のエッセイ集。巻末対談＝北村薫

シャネル　山田登世子

最強の企業家、ガブリエル・シャネル。彼女のブランドと彼女の言葉は、抑圧された世界の女性を鮮やかに解き放った——その伝説を一冊に。（鹿島茂）

見えるものと観えないもの　横尾忠則

アートは異界への扉だ！　吉本ばなな、島田雅彦から黒澤明、淀川長治まで、現代を代表する十一人との、この世ならぬ超絶対談集。（和田誠）

芸術ウソつかない　横尾忠則

横尾忠則が、表現の最先端を走る15人と、芸術の源泉、深淵について、語り合い、ときに聞き手となって尋ねる魂の会話集。（戌井昭人）

ぼくなりの遊び方、行き方　横尾忠則

日本を代表する美術家の自伝。登場する人物、起こる出来事その全てが日本のカルチャー史！　壮大な物語はあらゆるフィクションを超える。（川村元気）

私の好きな曲　吉田秀和

永い間にわたり心の糧となり魂の慰藉となってきた、最も愛着の深い音楽作品について、その魅力を語る、限りない喜びにあふれる音楽評論。（保苅瑞穂）

世界の指揮者　吉田秀和

フルトヴェングラー、ヴァルター、カラヤン……演奏史上に輝く名指揮者28人に光をあて、音楽の特質と魅力を論じた名著の増補版。（二宮正之）

世界のピアニスト　吉田秀和

アルゲリッチ、グールド、リヒテル……名ピアニストたちの芸術の特質と魅力を明晰に論じる愉しさあふれる演奏家論。（青柳いづみこ）

ハーメルンの笛吹き男　阿部謹也

「笛吹き男」伝説の裏に隠された謎はなにか？ 十三世紀ヨーロッパの小さな村で起きた事件を手がかりに中世における「差別」を解明。（石牟礼道子）

自分のなかに歴史をよむ　阿部謹也

キリスト教に彩られたヨーロッパ中世社会の研究で知られる著者が、その学問的来歴をたどり直すことを通して描く〈歴史学入門〉。（山内進）

逃走論　浅田彰

パラノ人間からスキゾ人間へ、住む文明から逃げる文明への大転換の中で、軽やかに〈知〉と戯れるためのマニュアル。

純文学の素　赤瀬川原平

まわりにあるありふれた物体、出来事をじっくり眺めると不思議な迷路に入り込む。「超芸術トマソン」前史ともいうべき「体験」記。（久住昌之）

パラノイア創造史　荒俣宏

悪魔の肖像を描いた画家、地球を割ろうとした男、新文字を発明した人々など、狂気と創造のはざまを生きた偉大なる〈幻視者〉たちの魅惑の文化史。

ナショナリズム　浅羽通明

新近代国家日本は、いつ何のために、創られたのか。日本ナショナリズムの起源と諸相を十冊のテキストを手がかりとして網羅する。（斎藤哲也）

幕末単身赴任 下級武士の食日記 増補版　青木直己

きな臭い世情なんてなんのその、単身赴任でやってきた勤番侍が幕末江戸の〈食〉を大満喫！ 残された日記から当時の江戸のグルメと観光を紙上再現。

もうひとつの天皇家 伏見宮　浅見雅男

戦後に皇籍を離脱した11の宮家——その全ての源流となった「伏見宮家」とは一体どのような存在だったのか？ 天皇・皇室研究には必携の一冊。

新版 ダメな議論　飯田泰之

単純なスローガン、偉そうな引用……そんな「厚化粧」した議論の怪しさを見抜く方法を豊富な実例とチェックポイントを駆使してわかりやすく伝授。

辺界の輝き　五木寛之　沖浦和光

サンカ、家船、遊芸民、香具師など、差別されながら漂泊に生きた人々が残したものとは？ 白熱する対論の中から、日本文化の深層が見えてくる。

仏教のこころ　五木寛之
人々が仏教に求めているものとは何か、仏教はそれにどう答えてくれるのか。著者の考えをまとめた文章に、河合隼雄、玄侑宗久との対談を加えた一冊。

自力と他力　五木寛之
俗にいう「他力本願」とは正反対の思想が、真の「他力」である。真の絶望を自覚した時に、人はこの感覚に出会うのだ。

サンカの民と被差別の世界　五木寛之
歴史の基層に埋もれた、忘れられた日本を掘り起こす。漂泊に生きた海の民・山の民。身分制で賤民とされた人々。彼らが現在に問いかけるものとは。

隠れ念仏と隠し念仏　五木寛之
九州には、弾圧に耐えて守り抜かれた「隠れ念仏」があり、東北には、秘密結社のような信仰「隠し念仏」がある。知られざる日本人の信仰を探る。

宗教都市と前衛都市　五木寛之
商都大阪の底に潜む強い信仰心。国際色豊かなエネルギーが流れ込み続ける京都。現代にも息づく西の都の歴史。「隠された日本」シリーズ第三弾。

わが引揚港からニライカナイへ　五木寛之
玄洋社、そして引揚者の悲惨な歴史とは？　アジアとの往還の地・博多と、日本の原郷・沖縄。二つの土地を訪ね、作家自身の戦争体験を歴史に刻み込む。

日本幻論
漂泊者のこころ　五木寛之
幻の隠岐共和国、柳田國男と南方熊楠、人間としての蓮如像等々、非・常民文化の水脈を探り、五木文学の原点を語った衝撃の幻論集。（中沢新一）

建築の大転換　増補版　伊東豊雄　中沢新一
いま建築に何ができるか。震災復興、地方再生、エネルギー改革などの大問題を、第一人者たちが説き尽くす。新国立競技場への提言を増補した決定版！

その後の慶喜　家近良樹
幕府瓦解から大正まで、若くして歴史の表舞台から姿を消した最後の将軍の〝長い余生〟を近しい人間の記録を元に明らかにする。（門井慶喜）

「月給100円サラリーマン」の時代　岩瀬彰
物価・学歴・女性の立場――。豊富な資料と具体的なイメージを通して戦前日本の「普通の人」の生活感覚を明らかにする。（パオロ・マッツァリーノ）

ちくま文庫

おじさん酒場(さかば) 増補新版(ぞうほしんぱん)

二〇二一年八月十日 第一刷発行

文 山田真由美(やまだ・まゆみ)

絵 なかむらるみ

発行者 喜入冬子

発行所 株式会社 筑摩書房

東京都台東区蔵前二―五―三 〒一一一―八七五五

電話番号 〇三―五六八七―二六〇一(代表)

装幀者 安野光雅

印刷所 三松堂印刷株式会社

製本所 三松堂印刷株式会社

ISBN978-4-480-43756-3 C0195